# El Comercio Transatlántico de Esclavos

*Una Guía Fascinante Sobre el Comercio Transatlántico de Esclavos e Historias de los Esclavos que Fueron Traídos a las Américas*

© Copyright 2021

Todos los derechos reservados. Ninguna parte de este libro puede ser reproducida de ninguna forma sin el permiso escrito del autor. Los revisores pueden citar breves pasajes en las reseñas.

Descargo de responsabilidad: Ninguna parte de esta publicación puede ser reproducida o transmitida de ninguna forma o por ningún medio, mecánico o electrónico, incluyendo fotocopias o grabaciones, o por ningún sistema de almacenamiento y recuperación de información, o transmitida por correo electrónico sin permiso escrito del editor.

Si bien se ha hecho todo lo posible por verificar la información proporcionada en esta publicación, ni el autor ni el editor asumen responsabilidad alguna por los errores, omisiones o interpretaciones contrarias al tema aquí tratado.

Este libro es solo para fines de entretenimiento. Las opiniones expresadas son únicamente las del autor y no deben tomarse como instrucciones u órdenes de expertos. El lector es responsable de sus propias acciones.

La adhesión a todas las leyes y regulaciones aplicables, incluyendo las leyes internacionales, federales, estatales y locales que rigen la concesión de licencias profesionales, las prácticas comerciales, la publicidad y todos los demás aspectos de la realización de negocios en los EE. UU., Canadá, Reino Unido o cualquier otra jurisdicción es responsabilidad exclusiva del comprador o del lector.

Ni el autor ni el editor asumen responsabilidad alguna en nombre del comprador o lector de estos materiales. Cualquier desaire percibido de cualquier individuo u organización es puramente involuntario.

# Índice de contenidos

INTRODUCCIÓN .................................................................................1

CAPÍTULO 1 - LA ESCLAVITUD A TRAVÉS DE LOS TIEMPOS Y DE LOS CONTINENTES ..........................................................................3

CAPÍTULO 2 - LOS PIONEROS TRANSATLÁNTICOS: EL PAPEL DE PORTUGAL Y ESPAÑA ...............................................................14

CAPÍTULO 3 - NUEVOS CONTENDIENTES: LOS HOLANDESES Y LOS FRANCESES ...........................................................................36

CAPÍTULO 4 – ASCENSO DE LOS INGLESES A LA CIMA DE LA TRATA DE ESCLAVOS ....................................................................56

CAPÍTULO 5 – PARTICIPACIÓN AFRICANA................................75

CAPÍTULO 6 – LA EXPERIENCIA DE LAS PERSONAS ESCLAVIZADAS...............................................................................99

CAPÍTULO 7 – LA MUERTE LENTA Y LOS EFECTOS DE LA TRATA DE ESCLAVOS ..................................................................115

EPÍLOGO .........................................................................................128

CONCLUSIÓN.................................................................................131

VEA MÁS LIBROS ESCRITOS POR CAPTIVATING HISTORY .............133

BIBLIOGRAFÍA...............................................................................134

# Introducción

La historia suele estar llena de relatos fascinantes, grandes hazañas y logros, llenándonos de orgullo el hecho de conocer nuestro pasado y nuestros antepasados. Por ello, tendemos a inclinarnos por los relatos de grandes héroes, hombres y mujeres sabios y genios. La parte agradable de la historia siempre se trata de los logros que alcanzaron nuestros predecesores y de los obstáculos que superaron, episodios que suelen ser reconfortantes y que nos dan un sentimiento de esperanza para nuestro propio futuro. Sin embargo, también debemos recordar el lado oscuro de nuestro pasado, aunque nos resulte menos cómodo enfrentarlo. Especialmente si esos días pasados de la historia compartida de la humanidad todavía arrojan una sombra sobre nuestros tiempos actuales.

Uno de esos aspectos sombríos de nuestra historia es el del comercio atlántico de esclavos. Esta es una parte de nuestro pasado que a menudo se omite o que apenas se aborda en nuestras escuelas, dejando convenientemente al margen de nuestra conciencia histórica los acontecimientos de ese período. En todos los aspectos, esta parte de la historia revela lo inhumanos que pueden ser los seres humanos entre sí, especialmente cuando se trata de ganancias materiales y beneficios individuales. Este período tan sombrío exhibe en su narración algunos de los lados más viles de nuestra naturaleza, causando una molestia que hace que el público no quiera profundizar en cómo empezó, creció y evolucionó el comercio de esclavos antes de que se le pusiera fin. Por eso, esta guía es un intento de explorar esta parte vergonzosa de nuestro pasado sin ningún tipo de embellecimiento ni justificación.

No obstante, esto no significa que este libro se limite a condenar las atrocidades y seguir adelante. Exploraremos cómo se produjeron, en qué circunstancias y cómo evolucionaron con el tiempo estas prácticas tan terribles. Algunas partes de estas historias pueden llegar a ser un poco descarnadas, pero es importante afrontarlas de frente para comprender plenamente la gravedad de la esclavitud. Sin embargo, no es el propósito de este libro el de ser macabro, pero sí el de obtener una perspectiva amplia del tema. En esta guía, se abarcará una gran parte de nuestra historia, aproximadamente desde finales del siglo XIV hasta principios del XIX, mientras que nuestro ámbito geográfico abarcará ambas orillas del océano Atlántico. Examinaremos la participación de varias naciones importantes en este despreciable comercio, desde los portugueses hasta los estadounidenses, al tiempo que arrojaremos también luz sobre la participación de los propios africanos. Sin embargo, los comerciantes y propietarios de esclavos no serán el único tema de esta guía. Describiremos la vida y el trato de los que tuvieron la mala suerte de ser capturados y exportados, dando una idea de su miseria y sus condiciones de vida.

Aunque busque contar toda la verdad sobre este período, el amplio enfoque del libro hará con que se hagan algunas generalizaciones y simplificaciones. Aun así, esperamos que el contenido sea suficiente para que se haga una idea básica de este desarrollo histórico. Así, nuestro objetivo con esta guía es dejarle suficientemente informado, así como intrigado, para que se sumerja más en este complicado y bastante importante tema, cuyos ecos aún conforman nuestro mundo actual.

# Capítulo 1 - La Esclavitud a Través de los Tiempos y de los Continentes

Como ocurre con muchos temas históricos, la esclavitud suele simplificarse y tergiversarse, quedando salpicada de conceptos erróneos y medias verdades. Para muchos, la esclavitud está representada por la imagen de una persona arrastrando piedras o recogiendo algodón bajo el sonido de un látigo. Sin embargo, eso es solo la punta del iceberg, ya que este tema va mucho más allá. Por ello, antes de abordar los aspectos específicos del comercio transatlántico de esclavos, es importante comprender la esclavitud en su forma más universal.

Las raíces de la esclavitud son profundas, ya que esta se halla presente en toda la historia escrita de la humanidad. Además, se pueden encontrar pruebas de ella en las pinturas murales egipcias, en el código babilónico de Hammurabi (el código de leyes más antiguo, que data del siglo XVIII a. C.) o incluso en la Biblia. Sin embargo, los historiadores tienden a pensar que la práctica de la esclavitud empezó aún más temprano, siendo anterior a las civilizaciones antiguas. Aunque es imposible precisar cuándo fue capturado el primer esclavo, se presume que esto no ocurrió antes de la Revolución Agrícola del Neolítico. Esta trascendental transformación se produjo hace unos 10.000 años, cuando los humanos iniciaron su conversión de grupos de cazadores-recolectores a sociedades agrícolas sedentarias. Este cambio de actividades habría permitido un excedente de alimentos, que era necesario para mantener una mano de obra esclava. No obstante, algunos investigadores señalan que algunas sociedades de cazadores-recolectores posteriores, como las tribus nativas americanas del noroeste, atípicas por la abundancia de recursos, también tenían esclavos. Por lo tanto, es posible que la esclavitud sea incluso más antigua que la agricultura. En cualquier caso, esta práctica se extendió sin duda a medida que se desarrollaban las primeras civilizaciones.

Lo más probable es que estos primeros esclavos fueran prisioneros de guerra, capturados y alimentados mínimamente para que trabajaran para sus amos. No tenían derechos y eran tratados de forma similar a otros animales domésticos como las mulas o el ganado. Esta es la forma básica de esclavitud, conocida como esclavitud "mobiliaria", en la que se negaba a las personas su humanidad y se las trataba como mera propiedad. Como verdaderos propietarios de las personas esclavizadas, los amos tenían derecho a hacer con ellas lo que quisieran. Los esclavos solían ser obligados a realizar trabajos duros cuando y donde sus dueños les ordenaban. Además de los trabajos duros, las esclavas mujeres eran utilizadas a veces para el placer. Como propiedad, los esclavos también eran vendidos y comprados, heredados o incluso regalados. Los propietarios también tenían derecho a castigar a sus esclavos de cualquier manera y forma, incluido el asesinato. Estas crueles prácticas no estaban necesariamente ligadas al castigo, ya que, como ocurre con cualquier propiedad, sus dueños podían hacerles daño para divertirse o por cualquier otra razón que pudiera llevar a un comportamiento tan inhumano. No obstante, estos arrebatos eran poco frecuentes, ya que los esclavos solían ser considerados como posesiones valiosas, por lo que se evitaban en lo posible los daños innecesarios. En general, en lo que respecta a la esclavitud "mobiliaria", los amos tenían el máximo control sobre las vidas de sus esclavos, fundamentalmente eliminando el principio básico del libre albedrío.

Este tipo de esclavitud ha sido el más extendido a lo largo de la historia, ya que casi todas las sociedades del mundo la han utilizado en algún momento. Sin embargo, hubo algunas variaciones en la forma en que las sociedades veían y trataban a las personas esclavizadas. Por ejemplo, en algunas sociedades, como en el antiguo Egipto, los esclavos podían casarse tanto entre ellos como también con personas libres. En otras, como entre los romanos, estos matrimonios eran ilegales. Además, en la antigua China, dos esclavos casados no podían separarse, aunque sí se les podía quitar a sus hijos y venderlos. Finalmente, las familias de esclavos babilónicos o siameses eran legales, aunque podían separarse por voluntad de su amo.

Estas diferencias también pueden ser observadas en el derecho de propiedad. Por ejemplo, en el mundo islámico, en Moscovia y en la antigua India, los esclavos no podían poseer nada; todo lo que poseían pertenecía automáticamente a sus dueños. En cambio, en Asiria y en la Mongolia medieval, las personas esclavizadas tenían derecho a la propiedad. Los romanos se situaban en un punto intermedio en esta cuestión, ya que los esclavos romanos podían técnicamente administrar, acumular y poseer bienes, aunque sus dueños podían quitárselos en cualquier momento. Esto incentivaba a los esclavos a trabajar más duro, con la esperanza de reunir suficiente riqueza para comprar su libertad mientras sus amos seguían manteniendo el control total.

*Mosaico romano que representa a los esclavos sirviendo a sus amos.*
*Fuente: https://commons.wikimedia.org*

Otros ejemplos de cómo eran vistos los esclavizados a lo largo de la historia y a través de diversas culturas pueden verse en las diversas leyes relativas a los esclavos. En algunas sociedades, como en la antigua Roma y el posterior Imperio bizantino medieval, matar a un esclavo, especialmente a uno que no pertenecía al asesino, se equiparaba relativamente al asesinato de una persona libre. En el mundo islámico y en la antigua Mesopotamia, matar a un esclavo se consideraba una mera destrucción de la propiedad de uno, y el autor del crimen simplemente tenía que "pagar por los daños". En ese aspecto, la deshumanización de los esclavizados se llevaba al extremo. Al negarles su humanidad, se les veía como infrahumanos, al nivel de un animal domesticado, o como simple posesión de su dueño.

Otra diferencia importante era la manera en que la sociedad abordaba el abuso sexual de las personas esclavizadas, sobre todo en lo que respecta a las mujeres. Se creía que los esclavos pertenecían en cuerpo y alma a su dueño. Así, muchas sociedades, como por ejemplo la antigua Atenas y varias culturas africanas y de Oriente Medio, reconocían el derecho de los amos a exigir satisfacción sexual de sus esclavas. En otros lugares, se establecieron algunas restricciones. Las leyes chinas y lombardas prohibían la violación de las mujeres esclavizadas casadas, mientras que en la Rusia medieval el abuso sexual de las esclavas estaba totalmente prohibido. Esta gama de enfoques del abuso sexual era mucho más estrecha cuando se trataba de mujeres que abusaban de sus esclavos hombres. En la mayoría de los casos, se consideraba que el esclavo era el agresor y a menudo se le daba muerte. Se pueden encontrar ejemplos de esto en la antigua Roma y Grecia. Sin embargo, en algunos casos, como en el Bizancio medieval, tanto la dueña como el esclavo abusado eran ejecutados.

Hubo muchas otras diferencias en la forma de abordar la esclavitud y las personas esclavizadas, pero son demasiadas para enumerarlas todas. Este hecho por sí solo ayuda a pintar la imagen de lo extendida que estaba la servidumbre, tanto histórica como geográficamente. Sin embargo, las diferencias mencionadas se basaban en su mayoría en leyes o en algún tipo de registro escrito, siendo importante, en ese aspecto, señalar que tener derechos legales o algún tipo de protección sobre el papel no equivalía necesariamente a la realidad. Por ello, es posible que las leyes no se aplicaran en su totalidad o se ignoraran directamente, haciendo que la vida de los esclavizados fuera aún peor de lo que la teoría legal nos hace creer.

En cualquier caso, la esclavitud nunca llegó a ser un acto verdaderamente humano, y nadie deseaba estar en esa situación. Sin embargo, a medida que las civilizaciones y los estados organizados crecían, también lo hacía el número de personas esclavizadas. Este aumento puede explicarse por varios factores importantes, de los cuales, uno es bastante sencillo: los estados mejor organizados podían reunir ejércitos más grandes, lo que, a su vez, hacía que se capturara a más gente en las guerras. Como ya se ha dicho, una gran parte de los esclavos eran prisioneros de guerra. La segunda explicación es que, en la mayoría de las sociedades, los hijos de los esclavos también se consideraban propiedad de sus amos. Esto significaba que, con el paso de las generaciones, la población esclava se regeneraba al menos parcialmente o incluso se multiplicaba si las condiciones de vida no eran demasiado duras. Acerca de esta "esclavitud hereditaria", los aztecas de Mesoamérica fueron una notable excepción, ya que creían que los niños no debían sufrir por culpa de sus padres.

La esclavitud también se extendió porque el trabajo en régimen de servidumbre se convirtió en una forma de servicio que era aceptada por parte de los esclavos. También se conoce como esclavitud por deudas, y surgió en la antigüedad como una forma de pagar los préstamos. Al igual que la esclavitud mobiliaria, esta forma de servidumbre era muy variada. A veces era voluntaria y otras veces era forzada. En algunos casos, los jefes de familia "empeñaban" a sus miembros para pagar sus deudas. Sin embargo, hay una diferencia notable entre la esclavitud por deudas y la esclavitud mobiliaria, ya que un trabajador en régimen de servidumbre por deudas, al menos en teoría, quedaba libre una vez pagado el préstamo. Además, en la esclavitud por deudas, una persona esclavizada solía ser miembro del mismo grupo social que su amo. Esto significaba que el maltrato de los esclavos endeudados era menos aceptado socialmente, especialmente porque se esperaba que, en algún momento, recuperaran su libertad y se convirtieran en miembros plenamente funcionales de la misma clase social. Además, el hecho de compartir el mismo origen a veces suscitaba más compasión por parte de los propietarios, a diferencia de los extranjeros capturados en la esclavitud mobiliaria.

Otra razón para el crecimiento de la esclavitud en la antigüedad fue el aumento del comercio de esclavos. A medida que el beneficio económico de poseer mano de obra esclavizada se hizo más evidente, algunas personas comenzaron a comerciar los esclavos, ya que estos eran vistos como una mercancía como cualquier otra. Desde el punto de vista económico, esto creó una demanda por más personas esclavizadas, ya que las personas ricas tenían interés en comprar más esclavos mientras no participaran activamente en las guerras para capturar a los suyos. A su vez, algunas personas empezaron a dedicarse a capturar y esclavizar personas, creando una nueva fuente de suministro de mano de obra. Sin embargo, los comerciantes de esclavos no necesariamente capturaban gente por su cuenta. Normalmente compraban y revendían personas esclavizadas de otras fuentes, a veces transportándolas a través de distancias significativas a otros mercados de esclavos. En general, la esclavitud se estaba convirtiendo en un negocio como cualquier otro.

Con el crecimiento de la esclavitud, empezó a surgir una diferenciación entre las naciones en cuanto a su grado de difusión. Por ejemplo, la antigua China y Egipto practicaban la esclavitud desde muy temprano, aunque el porcentaje total de su población esclavizada era bajo. Algunas estimaciones sitúan la población esclava en la China de la dinastía Shang (2º milenio a. C.) en torno al 5%. Es probable que haya crecido en dinastías posteriores, pero parece que nunca constituyó una parte sustancial de la población. También se podría suponer que los egipcios tenían cifras similares. Sin embargo, se sabe que estas dos civilizaciones utilizaban sistemas de trabajo forzado como parte de la tributación. Algunos sostienen que este trabajo forzado es también una forma de esclavitud, aunque no todos los académicos están de acuerdo con tales declaraciones, ya que la gente conservaba su libertad y solo servía un par de días al año, sobre todo en proyectos públicos.

Mientras tanto, otras naciones continuaron acumulando más y más personas esclavizadas, transformándose de sociedades con un bajo porcentaje de esclavos en comparación con la población total, a sociedades plenamente esclavistas, en las que personas esclavizadas constituían una proporción más considerable de la población. Uno de los primeros ejemplos de esta evolución fue la antigua Atenas, donde a pesar de los ideales de libertad y democracia, aproximadamente el 30% de la población se encontraba esclavizada, según estimaciones modernas. Un porcentaje similar se relaciona con el Imperio romano, al menos en la península italiana. En estas sociedades, es evidente que gran parte del trabajo recaía sobre los esclavizados, que constituían una gran parte de la población. En el mundo islámico se produjo una evolución similar, por ejemplo, en el califato abasí (siglos VIII–XIII d. C.), durante el cual los gobernantes y las élites abasíes siguieron importando esclavos para que sirvieran como trabajadores y como soldados. En algunas regiones, como en el sur de Irak, rico en azúcar, la población local de esclavos podía representar el 50% del total. Sin embargo, en general, los esclavos constituían un porcentaje mucho menor, probablemente más parecido al de los griegos o los romanos.

*Comercio islámico de esclavos en el Yemen del siglo XIII.*
*Fuente: https://commons.wikimedia.org*

Cabe señalar que los estados islamizados de África también adoptaron la práctica de la esclavitud, elevándose rápidamente a los niveles de sociedades esclavistas. Los estados medievales de Ghana (siglos IV-XII) y Malí (siglos XIII-XVI), por ejemplo, tenían una población esclava que rondaba el 30% del total. Otras naciones africanas también tenían un elevado número de esclavos. Por lo tanto, la esclavitud es anterior al comercio atlántico de esclavos, aunque en algunos casos, los porcentajes de la población esclavizada aumentaron en siglos posteriores. Durante el periodo medieval, Europa vio disminuir la esclavitud a medida que se transformaba en una civilización cristiana. Sin embargo, la idea de la esclavitud estaba lejos de desaparecer. Por ejemplo, en el *Domesday Book* (1086), también llamado Libro de Winchester, un libro de registros inglés, aproximadamente el 10 por ciento de la población estaba identificada como esclava. Por lo tanto, a pesar de ser mal vista por algunos líderes religiosos, la esclavitud persistió en Europa durante toda la época medieval.

No obstante, debido al declive de la esclavitud durante este periodo, Europa se volvió hacia la servidumbre. Los siervos estaban en una posición algo mejor que los esclavos de hecho, aunque su condición era algo similar. Por ejemplo, su libertad de movimiento se limitaba, por lo general, al pueblo y sus alrededores. Solo podían viajar más lejos con el consentimiento de sus señores feudales. Y el siervo estaba más conectado a la tierra que a su capataz, por lo que, en realidad eran vendidos y comprados juntos con las tierras; no eran vendidos personalmente como individuos. Por ello, tenían muchas más libertades que los esclavos, sobre todo en lo que respecta al modo de vida. Solo tenían que asegurarse de pagar sus tributos y los impuestos sobre el trabajo. Sin embargo, en algunos casos, sus señores podían entrometerse en su vida privada. Por ejemplo, en algunas regiones, los señores feudales debían aprobar los matrimonios o tenían derecho a obligar a sus subordinados a practicar su religión. Por supuesto, es importante señalar que este tipo de relación no era en absoluto exclusiva de Europa, ya que también se utilizaba ampliamente en todo el mundo, desde China y Japón hasta el mundo islámico. Es vital mencionar que la servidumbre solía coexistir también con la esclavitud.

A medida que el periodo medieval entraba en sus últimas etapas, la Iglesia cristiana comenzó a expresar abiertamente su oposición a la esclavitud, al menos cuando se trataba de cristianos que eran dueños de cristianos. Peor aún era la idea de vender a los cristianos a los "infieles", en este caso a los musulmanes, que tenían el mayor mercado de esclavos en el período medieval tardío. Por ello, estas formas de esclavitud fueron prohibidas por el papa en varias ocasiones. Sin embargo, esa compasión hacia las vidas humanas se limitaba solo a los cristianos, ya que en el siglo XV los líderes religiosos daban permiso abierto a los dirigentes europeos para esclavizar a musulmanes, paganos y a cualquier otra persona que fuera infiel a los ojos de la Iglesia. Con semejante carta blanca moral, los europeos entraron en la era de la exploración y la colonización, y no tardaron en ejercer sus "derechos", esclavizando a un gran número de africanos, que transportaron principalmente a las Américas, pero también a Europa. Así nació el comercio transatlántico de esclavos.

Antes de hablar más en detalle de cómo se llegó a esta situación y cómo se desarrolló este comercio de seres humanos a lo largo de los siglos, es vital clasificar brevemente la forma de esclavitud en las nuevas colonias europeas. La mayoría de los africanos, por no decir todos, eran esclavos mobiliarios, sin prácticamente ningún derecho. Sus vidas estaban totalmente en manos de sus amos europeos, que normalmente los estimaban poco. Gracias al racismo, los europeos veían a los esclavos de color como seres inferiores a ellos. Esta idea de que los africanos eran menos humanos no hacía más que aumentar por el complejo de superioridad civilizatoria que muchos de los colonizadores tenían arraigado en ellos. Por ello, la mayoría de los europeos veían a los esclavos simplemente como animales de trabajo, mientras que las creencias religiosas solían borrar cualquier sentimiento residual de culpa moral.

Además, las colonias de las Américas pasaron rápidamente de ser sociedades esclavistas a sociedades totalmente esclavistas. La población esclava creció rápidamente y en algunos lugares se convirtió en mayoría incontestable sobre los blancos y lo que quedaba de la población indígena. Gracias tanto al gran número de esclavos como al duro trato que soportaban, la esclavitud se convirtió en una de las partes más vitales y reconocibles de la historia colonial americana, dejando profundas huellas en las sociedades de ambos lados del Atlántico. Precisamente por eso debemos conocer nuestro pasado, aunque nos sirva de recordatorio de lo atroces que pueden ser los seres humanos entre sí.

# Capítulo 2 - Los Pioneros Transatlánticos: El Papel de Portugal y España

Cuando se habla del comercio atlántico de esclavos, la gente tiende a centrarse en períodos más tardíos en los que los británicos y los franceses dominaban el mercado del trabajo humano forzado. Sin embargo, las raíces de este problema comenzaron en los principios de la exploración europea, antes del llamado descubrimiento de las Américas. Los portugueses, los primeros europeos desde la antigüedad que exploraron la costa africana y el océano Atlántico, fueron los que lo iniciaron.

La historia del comercio transatlántico de esclavos comienza a principios del siglo XV con la Era de los Descubrimientos, cuando los europeos se dieron cuenta de que el mundo era más que su propio continente. El impulso lo dieron, en parte, las conquistas otomanas al este del Mediterráneo, ya que lenta pero constantemente sustituyeron a los bizantinos como eje del comercio entre Asia oriental y Europa. Este fue un acontecimiento importante, ya que los turcos otomanos empezaron a obstaculizar el comercio con la Europa cristiana, limitando la importación de especias y azúcar, productos altamente codiciados por los europeos de clase alta que se interesaban cada vez más por su uso. Otros acontecimientos, como la caída del Imperio mongol en Asia Central, disminuyeron aún más el alcance del comercio entre Asia y Europa. Esto aumentó poco a poco el costo y el valor de las especias ya mencionadas, incentivando finalmente a los comerciantes medievales a buscar otras rutas hacia Asia, con la esperanza de obtener un beneficio financiero evitando a los turcos.

Simultáneamente, en el extremo suroeste de Europa, en la península ibérica, Portugal y los estados españoles estaban inmersos en la llamada Reconquista, evento en el que emprendieron guerras contra los estados musulmanes que ocupaban el sur de la península. Durante esas guerras, los reinos cristianos recibieron un decreto papal que permitía esclavizar a los no cristianos. Poco a poco, la población esclava, formada principalmente por moros y bereberes, comenzó a crecer a medida que la esclavitud se hacía más común en la región. Sin embargo, los estados musulmanes se extendieron más al sur, por el norte de África, lo que provocó un mayor interés por la exploración del continente. Los portugueses, en particular, querían averiguar hasta dónde llegaba el poder de sus enemigos musulmanes. Una cuestión aún más interesante era saber si podían sacar provecho de este poder, ya fuera mediante la conquista o el saqueo. Así, los portugueses, cuya Reconquista terminó aproximadamente en 1415, comenzaron a explorar la costa atlántica africana. Al principio se centraron en la costa marroquí, pero en los años siguientes las expediciones portuguesas viajaron más al sur, llegando a los ríos Senegal y Gambia.

Estas exploraciones fueron dirigidas por el famoso príncipe Enrique el Navegante. Los objetivos iniciales de sus expediciones no tenían nada que ver con los esclavos, sino con el hambre de oro, las especias y el conflicto con los musulmanes. Sin embargo, a principios de la década de 1440, los portugueses trajeron los primeros esclavos a Europa. Según las fuentes, había 235 prisioneros de guerra, y una quinta parte de ellos fue presentada a la familia real de Portugal.

Hacia 1444, Enrique el Navegante comenzó a vender personas esclavizadas del África subsahariana. Sin embargo, los portugueses no tardaron en abandonar las incursiones de caza de esclavos, ya que resultaban demasiado costosas e ineficaces. En su lugar, alrededor de 1448, cambiaron al comercio, imitando el mercado de esclavos ya existente. Con ello, los portugueses se limitaron a aprovechar la red comercial ya existente, creada mucho antes por los comerciantes musulmanes y africanos locales. Incluso entonces, los esclavos estaban lejos de ser la "mercancía" principal de los comerciantes portugueses. Su principal objetivo era el oro, producto por el cual a menudo cambiaban sus esclavos.

*Retrato de Enrique el Navegante (arriba) e ilustración de la marina portuguesa (abajo). Fuente: https://commons.wikimedia.org*

El número de personas esclavizadas transportadas a Europa era relativamente pequeño. Se calcula que a partir de 1448 los portugueses traían anualmente a Europa unas 1.000 personas esclavizadas, cifra que aumentó a unas 2.000 a finales de siglo. Estos constituían alrededor de un tercio del total de seres humanos comercializados por los mercaderes europeos. En cambio, alrededor de dos tercios de las personas esclavizadas se comerciaban con los africanos a cambio de oro. No obstante, el alcance limitado y el destino final no eran los únicos diferenciadores entre estos primeros esclavos atlánticos y los que perdieron su libertad apenas un par de décadas después. La mayoría, si no todos, de esos primeros esclavos eran destinados a trabajar como sirvientes domésticos, no como trabajadores en los campos o las minas. Esto significaba que, en parte, sus vidas eran algo más fáciles en general. Pero esto no tardaría en cambiar.

A la muerte del príncipe Enrique, en 1460, Portugal había establecido los primeros puntos de apoyo de su futuro imperio colonial. Sus primeros puestos comerciales se establecieron en las islas atlánticas de Madeira, Cabo Verde, Azores y Arguin. Después, los portugueses continuaron su exploración más al sur, llegando al río Congo y estableciendo puertos en Santo Tomé, una isla del golfo de Guinea, y en Elmina, en la costa africana de lo que hoy es Ghana. Tras estos grandes pasos en las décadas de 1470 y 1480, los navegantes portugueses alcanzaron el extremo sur de África en 1488 y siguieron explorando y descubriendo el África oriental y la India. Para entonces, España también entró en la carrera, apoderándose firmemente de las Islas Canarias a finales del siglo XV. En 1492, los españoles finalmente "redescubrieron" a América tras el viaje de Cristóbal Colón, que pretendía encontrar una ruta alternativa hacia India y eludir el monopolio naval portugués sobre la costa africana. En el siglo XVI, Portugal se estableció en el actual Brasil, mientras que los españoles establecieron sus primeras colonias en la isla de La Española, en el Caribe.

A medida que los exploradores descubrían nuevas rutas navales y tierras hasta entonces desconocidas para los europeos, comenzó un importante cambio al otro lado del Atlántico. Los dos estados ibéricos se asentaron en las islas de la costa africana y se dieron cuenta de que no solo estas islas eran adecuadas para establecer puertos y asentamientos comerciales, sino que también tenían potencial para la agricultura. Algunas, como las Islas Canarias, tenían algo de población local, mientras que otras, como Santo Tomé, estaban deshabitadas. No obstante, tanto Portugal como España comenzaron a importar esclavos africanos para aumentar su mano de obra, especialmente en las valiosas plantaciones de azúcar. Así, el comercio atlántico de esclavos comenzó su transformación. Sin embargo, fue un proceso lento y bastante escaso en cifras brutas. Las plantaciones eran pequeñas y solo necesitaban una mano de obra limitada. Además, en el caso de Canarias, los españoles intentaron inicialmente esclavizar a los habitantes locales, pero la población pronto dejó de ser una fuente importante de mano de obra humana, ya que, siendo al principio pequeña, se vio aún más reducida por las enfermedades europeas y las duras condiciones de trabajo. Los que escaparon del cautiverio se mezclaron rápidamente con los colonizadores españoles. Por ello, fueron rápidamente sustituidos por los africanos, procedentes en su mayoría del África subsahariana y de Marruecos.

La historia de las Islas Canarias iba a convertirse en un ejemplo a pequeña escala de lo que iba a ocurrir en las Américas. Pero gracias a su escasa población y a su cercanía a la península ibérica, su destino pronto tomó otro rumbo. Efectivamente, luego llegaron colonos españoles que se convirtieron en una importante fuerza de trabajo libre, reduciendo aún más la afluencia de esclavos. Algo similar ocurrió en otras islas del Atlántico bajo dominio portugués. Por ello, estas islas solo vieron un número limitado de esclavizados en lo que respecta al comercio. Por ejemplo, se calcula que los mercaderes portugueses de esclavos han comerciado unas 81.000 personas, de las cuales unas 60.000 fueron a Europa. Unas 3.500 fueron enviadas a Santo Tomé, mientras que otras 17.500 fueron enviadas a las islas del

Atlántico, como Madeira y las Azores. Con todo, esta situación iba a cambiar luego, haciendo no solo crecer el volumen total de esclavos, sino también la distancia entre los destinos.

El final del siglo XV trajo también otro acontecimiento importante. España y Portugal firmaron un tratado en 1494, dividiendo la esfera de su influencia y sus derechos en las tierras descubiertas y aún no descubiertas. El Tratado de Tordesillas, como se conoció, otorgaba a los portugueses derechos sobre la costa africana, así como sobre cualquier tierra hasta 370 leguas al oeste de las islas de Cabo Verde. Esa tierra fue bautizada como Brasil, y los portugueses comenzaron a colonizarla hacia 1516. El tratado dio a los portugueses gran influencia sobre el comercio transatlántico de esclavos porque, ya que a los españoles no se les permitía navegar a África y adquirir esclavos por su cuenta, el comercio de esclavos estaba legalmente en manos de los comerciantes portugueses. Cabe señalar que otras naciones no tuvieron en cuenta el tratado, sobre todo otras futuras potencias coloniales, como los holandeses, los británicos y los franceses, pero su presencia a principios del siglo XVI se vio limitada por sus propias debilidades. En cualquier caso, el tratado resultó vital para la configuración del futuro del comercio transatlántico de esclavos.

Esto permitió a los portugueses centrarse en afianzar su control sobre la costa africana. En su mayor parte, el proceso fue pacífico, y los portugueses consiguieron acuerdos comerciales con los reinos locales, sobre todo con el Reino del Congo, en el centro-oeste de África. Esto permitió a los portugueses comprar prisioneros de guerra congoleños, así como cualquier otro cautivo. Su presencia en esta parte del continente africano se acentuó en la década de 1570, cuando el Congo permitió e incluso animó a los portugueses a tomar el control de lo que hoy es Angola. En 1575, se formó la ciudad y el puerto de Luanda, convirtiéndose esta en otro punto importante de la red portuguesa de comercio de esclavos. Con ello, la zona del actual Congo y Angola se convirtió en una de las principales fuentes de personas esclavizadas, superando a las regiones iniciales de Senegal,

Costa de Oro y golfo de Guinea. Según las estimaciones modernas, el África occidental y central representaba el origen de casi el 40% de las personas esclavizadas enviadas a través del océano Atlántico.

Al mismo tiempo, las Islas Canarias y Santo Tomé se desarrollaron más, ya que eran regiones productoras de azúcar, con la mano de obra esclava como principal motor. A mediados del siglo XVI, las demás islas atlánticas estaban atrasadas en ese aspecto. Estas dos se convirtieron en las precursoras de la producción de azúcar, tanto por sus climas y su adecuada fertilidad como por su proximidad al origen de la población esclava. Sin embargo, a medida que los europeos descubrían más de las Américas y conquistaban más de sus tierras, se abría un nuevo mercado para la mano de obra esclava. A principios del siglo XVI, los primeros esclavos fueron transportados a las posesiones españolas en el Caribe, transformando esencialmente el comercio atlántico de esclavos en el comercio transatlántico de esclavos. No obstante, en los primeros años, el número de personas esclavizadas transportadas a través del océano Atlántico era bastante reducido, al igual que las posesiones coloniales. Desgraciadamente, ese número aumentaría rápidamente en la segunda mitad del siglo XVI.

Según una estimación conservadora de los investigadores modernos, a finales del siglo, los portugueses habían traficado algo más de 240.000 esclavos africanos. De esta cifra, un pequeño porcentaje, algo menos de 25.000, fue a Europa, y unos 18.000 fueron enviados a las islas del Atlántico. Santo Tomé se convirtió en el epicentro del comercio de esclavos, con aproximadamente 75.000 almas desafortunadas terminando su viaje allí. Debido a su situación geográfica, Santo Tomé también se convirtió en un trampolín para el transporte de personas esclavizadas a través del Atlántico hacia las nuevas colonias. Así, todo el imperio colonial español en América, incluidos los actuales México, Jamaica, Cuba y muchas otras islas, importó aproximadamente el mismo número de esclavos que Santo Tomé. En la última mitad del siglo, Brasil se convirtió en un ávido importador de mano de obra forzada, llegando a importar alrededor de 50.000 esclavos. También es importante tener en cuenta que estas estimaciones están en el extremo inferior, ya que algunos académicos piensan que podrían ser cuatro veces mayores, sumando un total de casi un millón de almas alrededor de 1600. En cualquier caso, las cifras son inmensas, teniendo en cuenta que, por ejemplo, la capital portuguesa de Lisboa contaba con una población de 150.000 habitantes en 1600, mientras que Londres alcanzaba unos 200.000 en la misma época. Por lo tanto, incluso las estimaciones más bajas son mayores que la población total de algunas de las mayores ciudades europeas en aquel periodo.

*Exploraciones y colonias portuguesas. Fuente: https://commons.wikimedia.org*

Las cifras dan una idea de la magnitud del tráfico de personas, pero no responden a la pregunta de por qué se extendió tanto en las Américas. Una respuesta algo simplificada es la escasez de mano de obra. Cuando los españoles y los portugueses empezaron a establecer colonias propiamente dichas en sus dominios americanos, recurrieron inicialmente al azúcar como fuente de ingresos. Tanto las islas del Caribe como Brasil tenían tierras fértiles y un clima adecuado para cultivar un producto tan valioso. Se consideraba que era la mejor manera de amortizar los costos de los largos viajes y las conquistas caras. Sin embargo, la producción de azúcar requería mucha mano de obra, y los colonos carecían de ella para cultivarla eficazmente. Por no hablar de que muchos de ellos fueron a las Américas para enriquecerse sin tener que trabajar duro. En un principio, tanto los españoles como los portugueses recurrieron a una reserva de mano de obra ya existente, la de los amerindios. Se calcula que solo en México había veinticinco millones de nativos, y muchos más en otras regiones. Sin embargo, la población nativa sufrió un colapso demográfico durante el siglo XVI debido a sus luchas contra los europeos, entre las que se encontraban los disturbios sociales causados por los conquistadores y, sobre todo, las numerosas enfermedades que los europeos trajeron consigo.

Además, el duro trabajo en las plantaciones de azúcar resultó ser demasiado pesado para los nativos, que eran menos capaces físicamente que los africanos. Por otro lado, muchos de los nativos, sobre todo de las regiones que carecían de una civilización muy desarrollada, como por ejemplo la costa brasileña, rara vez practicaban la agricultura a gran escala. Eso hacía que estos nativos parecieran menos eficaces a los ojos de sus señores coloniales. Un otro problema en ciertas regiones era que los amerindios carecían de conocimientos en el trabajo con el hierro, a diferencia de los africanos, que conocían la metalurgia. La población nativa local también resultó más problemática de controlar. Al ser mantenidos cautivos en su propia tierra con opresores claramente definidos, a menudo intentaban rebelarse, causando trastornos en la producción. En contraste, los esclavos africanos eran arrancados de sus grupos sociales y transportados a tierras extranjeras con pocas esperanzas de salvación, lo que les impulsaba a ser más obedientes. Por supuesto, esto no significa que los esclavos africanos nunca se rebelaban, sino que lo hacían con menos frecuencia.

Así, poco a poco, a lo largo del siglo XVI, los africanos esclavizados sustituyeron a los nativos como mano de obra y, hasta cierto punto, como población principal en ciertas zonas. A mediados del siglo XVII, la población africana esclavizada llegó a ser mayoritaria en ciertas zonas, como La Española. Cabe preguntarse por qué no viajaron más europeos al "Nuevo Mundo" para suplir la falta de mano de obra, sobre todo porque Europa vivió un gran auge demográfico tras la peste negra, aumentando su población. ¿Qué impidió la explotación del campesinado local y de la población urbana pobre? Una respuesta parcial puede encontrarse en el hecho de que las sociedades tenían menos inclinación a esclavizar a su propia gente, junto con la posición altamente reprobatoria de la Iglesia cristiana al respecto. Sin embargo, es probable que el hecho más crucial fuera que tanto España como Portugal, así como la mayoría de las demás naciones de Europa occidental, experimentaron una expansión económica, escenario al cual se unían las constantes guerras, que requerirían muchos soldados. Esto condujo a una gran demanda de mano de obra interna, lo que hizo que no se enviara una fuerza de trabajo considerable a las Américas.

A finales del siglo XVI se produjo un ligero cambio en el comercio de africanos esclavizados. Esta transformación comenzó en 1580, cuando Portugal y España se asociaron mediante una unión personal, habiendo un solo rey para ambas naciones. Esto permitió facilitar el comercio entre españoles y portugueses; ocasionando sin embargo enfrentamientos entre estos últimos y los holandeses. Los holandeses, que luchaban contra los españoles por su independencia, estaban desarrollando una potente fuerza naval, la cual fue utilizada contra los barcos y posesiones portuguesas tras la unión. A esto se sumó la intrusión de británicos y franceses, que comenzaron a establecer su propia presencia en la costa africana, así como en las Américas. Poco a poco, el monopolio portugués del comercio de esclavos se fue rompiendo, ya que otras naciones querían una parte de los beneficios. Probablemente la única excepción fueron los españoles, que, a pesar de no tener ningún problema en utilizar mano de obra esclava, mostraron poca voluntad de competir en el comercio de personas esclavizadas.

En cualquier caso, los portugueses mantuvieron un papel vital en el comercio de esclavos. A pesar de estar un poco desplazados de otras regiones, la costa de África Occidental permaneció firmemente en su poder. A principios del siglo XVII, con el ascenso de Brasil como importante región productora de azúcar, los portugueses fueron ascendiendo poco a poco en el papel de proveedores de esclavos y de importadores de estos. De hecho, en las décadas de 1620 y 1630, esa región logró superar al dominio hispanoamericano como principal mercado de esclavos. Al mismo tiempo, Santo Tomé perdió su importante papel en la fabricación de azúcar debido al despunte de Brasil y como resultado de las incursiones holandesas, pero adquirió aún más importancia como centro de comercio de esclavos. Incluso en las últimas décadas del siglo XVI, las personas esclavizadas eran enviadas directamente a través del Atlántico, y muchas tenían a Santo Tomé como punto de llegada. La costa angoleña, sobre todo Luanda, también cobró importancia, ya que la región se convirtió en una gran fuente de esclavos.

Tanto el avance de Brasil como destino de esclavos, como el de Angola como centro de abastecimiento, se pueden retratar con algunas cifras en bruto. A lo largo del siglo XVII, se transportaron a Brasil unos 560.000 esclavos, 360.000 de ellos en la segunda mitad del siglo, lo que indica un aumento casi constante del número de pobres almas destinadas a una vida durísima en las plantaciones coloniales. Según estimaciones modernas, esas cifras representan cerca del 42% del total del comercio de esclavos en ese siglo. Al tener en cuenta eso, hay que señalar que, geográficamente hablando, Brasil estaba lejos de ser el mayor territorio colonial, lo que aumenta el peso de los números. Al mismo tiempo, la región de Angola suministró aproximadamente entre 10.000 y 16.000 personas anualmente durante la mayor parte del siglo XVII. Esto significa que más de un millón de personas fueron encarceladas y enviadas a la servidumbre desde una sola región en el transcurso de un solo siglo.

Al mismo tiempo, los portugueses siguieron comerciando africanos esclavizados en la Alta Guinea, utilizando Cabo Verde como centro vital, así como los alrededores del río Gambia. Siguieron siendo los comerciantes de esclavos más prolíficos a lo largo del siglo, a pesar de tener como competidores a otras naciones, sobre todo los holandeses. En 1640, Portugal recuperó la independencia de España, pero siguió siendo el principal proveedor de personas esclavizadas a los dominios hispanoamericanos. Y aunque las hostilidades con los holandeses y otros europeos disminuyeron, nunca cesaron del todo. Los portugueses también llevaron a cabo algunas guerras e intervenciones menores en la región de Angola para asegurar sus posiciones e influencia, haciendo de su presencia en África la más fuerte de todos los imperios coloniales europeos. Sin embargo, todos esos acontecimientos en África y Europa tuvieron menos impacto en el comercio de esclavos portugués en general que los siguientes acontecimientos en Brasil.

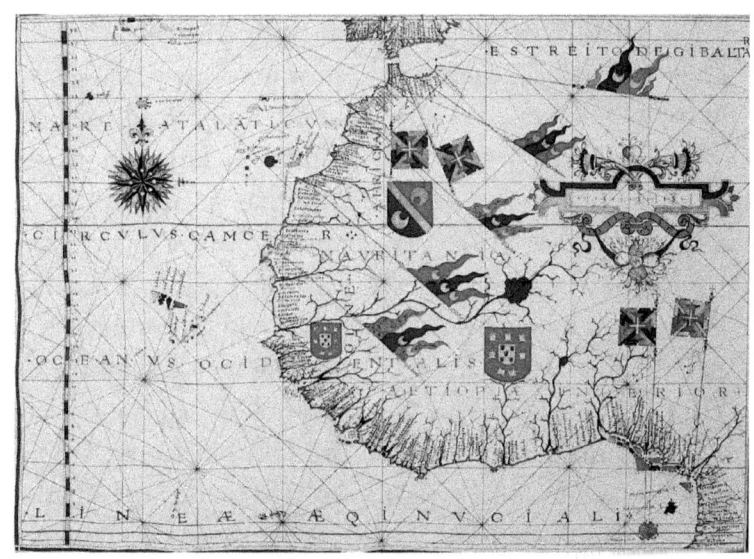

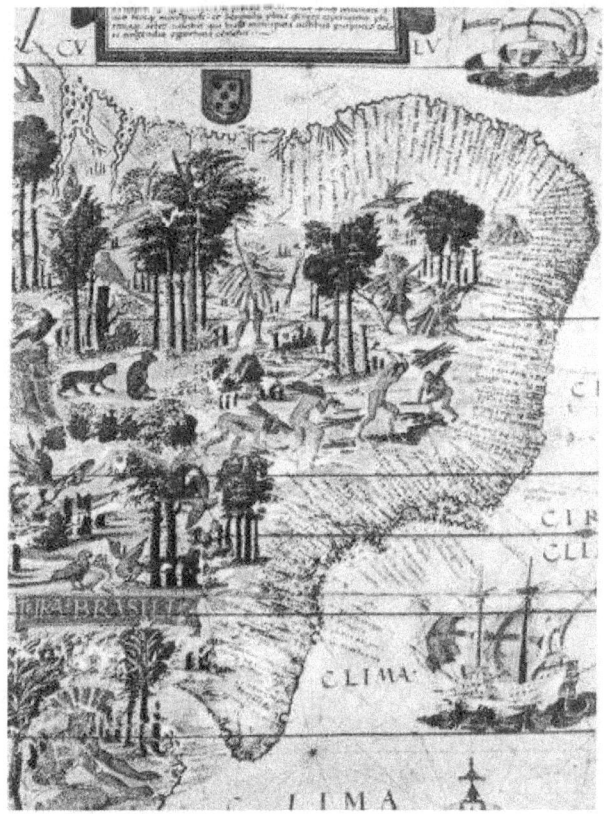

*Mapas portugueses del siglo XVI de África Occidental (arriba) y Brasil (derecha). Fuente: https://commons.wikimedia.org*

En la década de 1690, los portugueses descubrieron importantes fuentes de oro en Brasil, lo que creó un nuevo nivel de demanda de mano de obra esclava. La subsiguiente fiebre del oro fue tan importante que Portugal tuvo que prohibir la emigración desde su territorio continental y sus islas atlánticas a la región rica en oro situada a unos 320 kilómetros en el interior de Río de Janeiro. A pesar de ello, muchos portugueses viajaron a Brasil, mientras que muchos otros abandonaron sus plantaciones en el norte de la colonia en busca de los metales preciosos. Así comenzó la llamada edad de oro de Brasil, que, por supuesto, también benefició mucho a Portugal. Con la nueva actividad, se produjo un ligero cambio en la demanda de mano de obra esclava. En las regiones del sur de Brasil aumentó la demanda de esclavos africanos, pero a diferencia de los dueños de las plantaciones del norte, tenían preferencia por los habitantes del golfo de Benín, porque se les consideraba trabajadores superiores a los angoleños, así como mucho más resistentes a las enfermedades.

Sin embargo, los cambios que favorecieron al oro sobre el azúcar y a la costa de Benín sobre Angola como fuente de mano de obra esclava no fueron tan amplios como podría haber parecido en las primeras décadas del siglo XVIII. Las regiones del norte de Brasil, especialmente Bahía, se diversificaron del azúcar al tabaco y al algodón, siendo el primero también importante para el comercio de esclavos. Los comerciantes africanos del golfo de Benín habían desarrollado un "gusto pronunciado" por el tabaco, y tenían a Bahía en gran estima, aceptando este producto como trueque por personas esclavizadas. Con ello, Bahía siguió siendo una parte vital del comercio de esclavos, a menudo como conexión entre las minas de oro del sur de Brasil y África. Junto con eso, los portugueses volvieron a su preferencia angoleña a finales del siglo XVIII, no solo manteniendo sus anteriores cuotas de personas esclavizadas, sino también aumentándolas. Por ello, las estimaciones modernas sitúan a toda la región de Angola como fuente del 70% de los esclavos de

Portugal en la década de 1700, así como de cerca del 26% de todo el continente americano.

Para los portugueses, el siglo XVIII fue un tanto paradójico en lo que respecta al comercio de esclavos. Por un lado, el gobierno central de Europa comenzó a regular tanto la tributación como el tratamiento de las personas esclavizadas. Con esta medida, el gobierno monetizó las ganancias de este comercio de manera mucho más eficiente, tomando de los comerciantes un porcentaje del valor de cada esclavo. También se regulaba el número de personas esclavizadas que se podían meter en un solo barco y se exigía una alimentación adecuada y al menos una atención médica básica para los esclavos. Por supuesto, estas leyes y medidas eran palabras vacías sobre el papel, más que decisiones promulgadas. Además, parece que en el Portugal continental la esclavitud estaba pasando de moda, ya que en 1773 fue prohibida. No obstante, en Brasil, al igual que en otros territorios coloniales, no se aplicó ninguna ley sobre la esclavitud. Eso propició que los portugueses brasileños tomaran las riendas del comercio de esclavos. Independientemente de estos cambios en la sociedad portuguesa, el siglo XVIII fue el más "prolífico" para el comercio de esclavos, ya que Portugal alcanzó su mayor cifra de tráfico, estimada en algo más de 1,9 millones de personas esclavizadas.

Esta paradójica tendencia continuó en el siglo XIX, con los portugueses abandonando poco a poco el comercio de esclavos, aunque siguió siendo algo activo en sus posesiones coloniales. Por el contrario, Brasil obtuvo su independencia en 1822 y continuó con su fuerte presencia en el mercado de esclavos hasta finales de siglo, siendo una de las últimas naciones occidentales en abolir la esclavitud, lo cual hizo en 1888. Para entonces, el total combinado de personas esclavizadas importadas por los portugueses y los brasileños alcanzaba una cifra estimada de 5 millones de personas, es decir, cerca del 40% de todos los esclavos traídos a las Américas. Hacia el fin del comercio transatlántico de esclavos, los pioneros portugueses seguían siendo la nación europea más influyente en toda la red mercantil de tráfico de personas. Sin embargo, durante un tiempo, sus vecinos ibéricos, los españoles, parecían los principales candidatos a ocupar ese lugar. ¿Cuál fue entonces la diferencia crucial?

Parecía que el imperio español se convertiría en una nación líder en el comercio de esclavos en los primeros tiempos de la colonización. Antes de la Era de los Descubrimientos, los españoles ya habían definido legalmente la institución de la esclavitud, y ya tenían un "experimento" exitoso en las Islas Canarias. Además, fueron los españoles quienes trajeron por primera vez esclavos a las Américas en 1501, y en 1510 ya habían iniciado el transporte sistemático de africanos esclavizados al continente. En este sentido, aunque los portugueses fueron los pioneros del comercio atlántico de esclavos, al menos en lo que respecta a las naciones europeas, los españoles lo transformaron técnicamente en el comercio transatlántico de esclavos. Por si fuera poco, el imperio colonial español era el más grande territorialmente y fue el mayor importador de personas esclavizadas en el continente americano del siglo XVI. En esos primeros 100 años, las colonias españolas compraron unos 75.000 africanos, solo quedando atrás de la isla portuguesa Santo Tomé. Además, la unificación con Portugal en 1580 parecía que solo promulgaría la trata de esclavos.

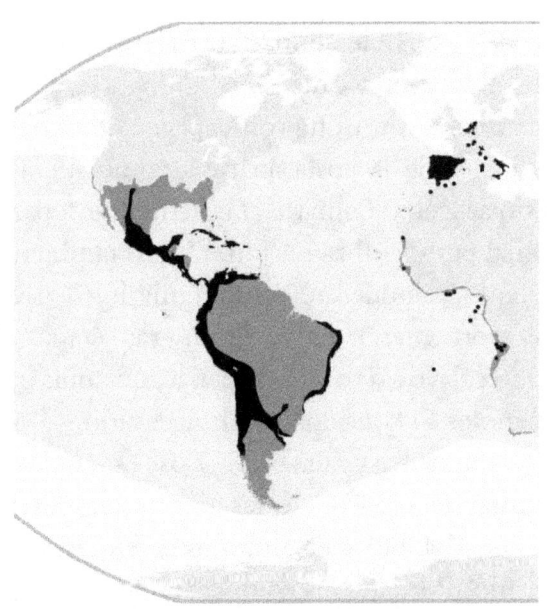

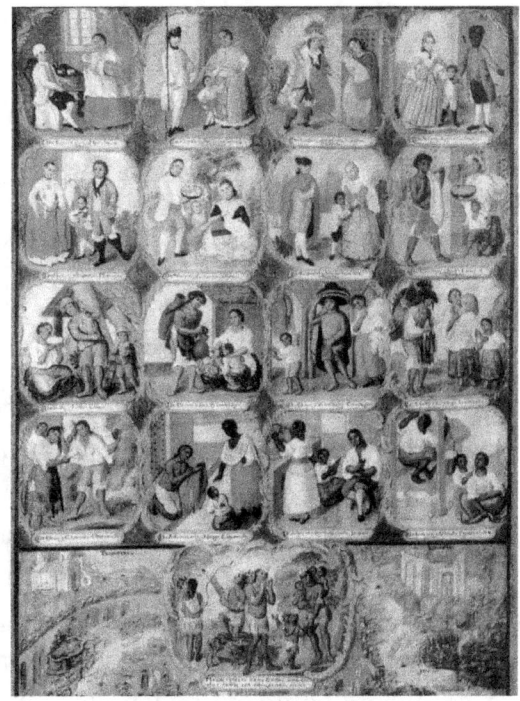

*La extensión de los territorios atlánticos de España y Portugal unificados (arriba) y la representación de las clases sociales del siglo XVIII en el México español, que muestra a los africanos solo por encima de los nativos (abajo). Fuente: https://commons.wikimedia.org*

Sin embargo, los españoles nunca superaron a los portugueses en lo que respecta al comercio de seres humanos. Por un lado, los españoles nunca intentaron ni fueron capaces de poner en peligro el monopolio portugués de la costa africana como fuente de mano de obra esclava. Esto se debió en parte al tratado que separaba las esferas de control colonial entre ambas naciones, pero también a su posterior unificación. Además, aunque era posible que los españoles hubieran superado a los portugueses en las primeras etapas del comercio transatlántico de esclavos, cuando España aún tenía capacidad para hacerlo, los españoles lo consideraron innecesario, ya que el volumen de comercio era aún bastante bajo. Los españoles estaban más centrados en tomar el control de las tierras en las Américas. Más adelante, España se debilitó y no pudo intervenir, aunque existiera la voluntad de hacerlo. Por ello, las colonias españolas dependían de los comerciantes de esclavos extranjeros para que les suministraran la mano de obra necesaria. Al principio, solo los abastecían los portugueses, pero los holandeses también llegaron durante el siglo XVII, así como los británicos y los franceses.

La Corona española intentó controlar este suministro a través del *Asiento de Negros*, una licencia real concedida a los comerciantes para el monopolio del comercio de esclavos a sus dominios americanos. Sin embargo, este sistema era defectuoso y servía más para llenar las tesorerías reales que para controlar el comercio de esclavos. Además, a diferencia de Portugal, cuyas posesiones coloniales eran de pequeño alcance, pero estaban bajo un firme control, España tenía grandes posesiones que eran más vulnerables. El poder naval y las ricas tesorerías de España no tenían rival, por lo que consiguió mantener sus colonias. Sin embargo, tras décadas de guerras casi constantes, algo que Portugal trató de evitar, el poderío de España empezó a decaer. Pronto, sus rivales empezaron a apoderarse de partes de sus dominios, como, por ejemplo, los franceses que tomaron parte de La Española, la actual Haití, en 1625 o los ingleses que conquistaron Jamaica en 1655. A pesar de ello, el imperio colonial español siguió siendo considerable, abarcando desde México hasta Argentina.

Los españoles también intentaron aumentar su producción de azúcar, sobre todo en las islas del Caribe, así como en la costa mexicana. Al mismo tiempo, muchas de sus colonias tenían importantes yacimientos de oro y plata, principalmente en el sur del continente americano. Sin embargo, las constantes guerras habían agotado la economía española, por lo que sus colonias también empezaron a quedar rezagadas en cuanto a desarrollo en comparación con las portuguesas, lo que en última instancia supuso una menor necesidad de mano de obra esclava. Además, a pesar de haber perdido gran parte de la población indígena local— en algunos casos, más del 90%—lo que quedaba de los nativos se utilizó con más éxito que en Brasil. Por lo menos, los españoles se encontraron con las desarrolladas civilizaciones de los mayas, los aztecas y los incas, que estaban más acostumbrados a la agricultura a gran escala y tenían más conocimientos en diversos oficios. Es fundamental señalar que los españoles no trataron mejor a los nativos que a los africanos, haciendo sufrir duramente a ambos grupos.

Todos los factores mencionados explican por qué España desempeñó un papel menor en el comercio transatlántico de esclavos, al menos en lo que respecta a las cifras brutas. A pesar de ello, los españoles aumentaron gradualmente su número de esclavos africanos comprados. En el siglo XVII, alcanzaron aproximadamente 300.000, y en el siglo siguiente, llegaron a 580.000. Estas cifras seguían siendo altas, pero no se acercaban a las de los portugueses. Curiosamente, el comercio español de esclavos creció en el siglo XIX, llegando a importar cerca de 700.000 personas esclavizadas, a pesar del paulatino alejamiento de la esclavitud a nivel mundial y de la pérdida de la mayoría de sus posesiones coloniales en las primeras décadas del siglo. Esto puede explicarse por el desarrollo tardío de la producción de azúcar en Cuba y Puerto Rico, que recibieron la mayor parte de la mano de obra esclava importada a partir de finales del siglo XVIII. En general, los españoles son responsables de una sexta parte de todo el comercio transatlántico de esclavos, llevando aproximadamente 1,7 millones de esclavos a sus colonias durante casi cuatro siglos.

También es interesante señalar que, gracias a la amplitud de sus dominios coloniales, los españoles consiguieron desplazar el punto central de sus importaciones de esclavos a lo largo de los siglos. Por ejemplo, La Española (actual República Dominicana) fue inicialmente un punto vital para la importación, pero su cifra total fue de solo 30.000, rápidamente superada por la creciente importancia de México, así como por la región unificada de Colombia y Ecuador, que alcanzaron una cifra de cerca de 200.000 cada uno. Otros importantes importadores coloniales en los siglos XVI y XVII fueron la actual Venezuela, con una cifra de 120.000, La Plata (actuales Argentina, Bolivia y Uruguay), con 100.000, y Perú, con 95.000. Sin embargo, estas cifras quedan muy lejos del desarrollo posterior de Cuba, una isla relativamente pequeña que alcanzó un total de unos 837.000 de esclavos importados, así como del pequeño Puerto Rico, que importó unos 77.000 esclavos. A pesar de ello, es importante recordar que, independientemente del lugar al que fueran enviados los africanos esclavizados, estos sufrieron enormemente, y las diferencias en los números no deberían disminuir la agonía de sus experiencias.

En general, los pioneros transatlánticos, tanto en el descubrimiento como en el comercio de esclavos, demostraron ser inmensamente influyentes. Establecieron las primeras rutas y sistemas comerciales, desarrollaron sistemas de trabajo forzado y siguieron siendo usuarios constantes de mano de obra esclava. Al final, sirvieron de ejemplo a otras naciones europeas, a la vez que eran responsables por una parte más que considerable del número total de seres humanos comerciados y transportados a través del Atlántico. Se calcula que España y Portugal sumaron unos seis millones de esclavos comercializados, lo que equivale a cerca del 56% del total del comercio transatlántico de esclavos.

# Capítulo 3 - Nuevos Contendientes: Los holandeses y los franceses

Las naciones ibéricas fueron las primeras de Europa en adentrarse en la exploración naval, la colonización y el notorio comercio de esclavos. Esto les proporcionó una inmensa riqueza y poder, por lo que no pasó mucho tiempo antes de que otros europeos quisieran su parte, tratando de encontrar su lugar en la nueva y bulliciosa red económica. Entre los primeros que consiguieron desafiar a los antiguos pioneros estuvieron los holandeses.

Los holandeses ya eran comerciantes y marineros bastante capaces, con una sólida red comercial en el mar del Norte, por lo que tenían las herramientas y los conocimientos necesarios para tener éxito en cualquier tipo de comercio. Aunque estuvieran bajo el dominio de la Corona española desde principios del siglo XVI, en la década de 1580 los holandeses se inmergieron en una gran rebelión, la cual surgió por causa de los maltratos religiosos. La Corona española los combatió con su ejército y mediante la presión económica. Los holandeses quedaron aislados de los puertos ibéricos, incluida Lisboa, ya que Portugal se había unificado con España en esa época. Optando por contraatacar, los holandeses comenzaron a asaltar los barcos y las colonias españolas. Su éxito inicial les hizo pensar en amenazar el monopolio del comercio internacional ibérico. Su objetivo era sobre todo Asia y el valioso comercio de especias, que sería liderado por la ahora famosa Compañía Neerlandesa de las Indias Orientales (en neerlandés: Vereenigde Oostindische Compagnie o VOC), fundada en 1602.

Las ganancias militares y económicas en Oriente resultaron ser más valiosas de lo que los holandeses habían soñado, lo que hizo que se convirtieran en la nación comercial más importante del siglo XVII, eclipsando a sus rivales ibéricos. Impulsados por el temprano éxito de la VOC, los holandeses decidieron formar la Compañía Neerlandesa de las Indias Occidentales (en neerlandés: Geoctroyeerde West-Indische Compagnie o WIC) en 1621. A diferencia de los portugueses y los españoles, cuyo comercio se basaba en comerciantes individuales que competían en el mismo mercado, los holandeses combinaron sus compañías para formar un monopolio ordenado, lo que aumentó su capacidad financiera, su eficiencia y su poderío militar. Además, a estas compañías comerciales no solo se les concedieron derechos de monopolio, sino que también se les permitió emprender guerras y firmar tratados en nombre de la República de los Siete Países Bajos Unidos. Para evitar que el VOC y el WIC se enfrentaran, a este último se le concedió el monopolio comercial en la costa occidental de África y en América, mientras que el primero mantuvo sus negocios en Oriente.

En un principio, el WIC holandés no mostró ningún plan ni interés por el comercio de esclavos. Comerciaban con recursos más comunes, como el azúcar o el oro. Sin embargo, esto empezó a cambiar lentamente cuando emplearon sus barcos militares más modernos y sus cañones más nuevos para empezar a retomar las colonias portuguesas. En 1630, cayó la parte norte de Brasil, la región de Pernambuco, que era conocida por su producción de azúcar. La región pasó a ser conocida como Nueva Holanda, y los holandeses se dieron cuenta de que necesitaban mano de obra africana para mantener la producción. Esto hizo que la WIC se involucrara en el comercio de esclavos, y se dirigiera pronto a Elmina, en la Costa de Oro, tomándola en 1637 de manos de los portugueses. Así terminó el monopolio portugués, los holandeses pudiendo ahora abastecerse de mano de obra esclava. A partir de ahí, tomaron varias estaciones comerciales portuguesas más pequeñas en la costa africana, culminando esta conquista con la tomada de Luanda en 1641. Los dirigentes de la WIC se dieron cuenta de que los esclavos angoleños eran muy valorados por los productores de azúcar brasileños, lo que supondría más beneficios para la compañía.

En ese momento, parecía que los holandeses iban a desplazar a los portugueses como dueños del monopolio del comercio de esclavos. Durante la década de 1640, consiguieron convertirse en los mayores exportadores de personas esclavizadas del Atlántico, ya que la red comercial portuguesa estaba en ruinas. Este cambio hacia la carga humana se vio coronado en 1645, cuando los directores de la WIC señalaron que el comercio de esclavos era el alma de la compañía. Sin embargo, este éxito fue bastante breve. En 1648, los portugueses los expulsaron de Angola y, en 1654, retomaron Brasil. A pesar de ello, los holandeses estaban decididos a seguir en el negocio del comercio de esclavos. Alrededor de 1660, tomaron el control de lo que se denominó la Costa de los Esclavos Neerlandesa, una región que abarcaba los actuales Benín, Togo, Ghana y Nigeria, utilizándola como su principal fuente de africanos esclavizados. Durante la segunda mitad del siglo XVII, se alejaron de la idea de recoger los frutos de sus propias colonias.

*Una pintura del siglo XIX de la batalla que puso fin a la presencia holandesa en Brasil. Fuente: https://commons.wikimedia.org*

Las posesiones holandesas solían ser pequeñas y tenían poco potencial agrícola. Sin embargo, se extendían por toda América, desde el río Hudson y Nueva Ámsterdam (la actual Nueva York), pasando por las Antillas Neerlandesas hasta sus posesiones en la zona situada entre los ríos Orinoco y Amazonas, las actuales Surinam y Guyana. Por ello, eran los más indicados para comerciar con España y Portugal, así como con Francia e Inglaterra, cuya presencia en el Caribe iba en aumento. Los holandeses eran grandes comerciantes, y los directores del WIC se dieron cuenta de que los franceses e ingleses estaban llevando a cabo su propia revolución del azúcar en la región. Dado que los holandeses ya habían roto el monopolio del comercio de esclavos de los portugueses, pudieron ofrecerles la mano de obra esclava que necesitaban. Al mismo tiempo, explotaron el hecho de que los españoles nunca habían desarrollado su propio suministro de personas esclavizadas. En 1674, el negocio de la WIC se centraba casi exclusivamente en el comercio de seres humanos, mientras que la isla de Curazao, en las Antillas Neerlandesas, se convirtió en su mayor depósito de esclavos.

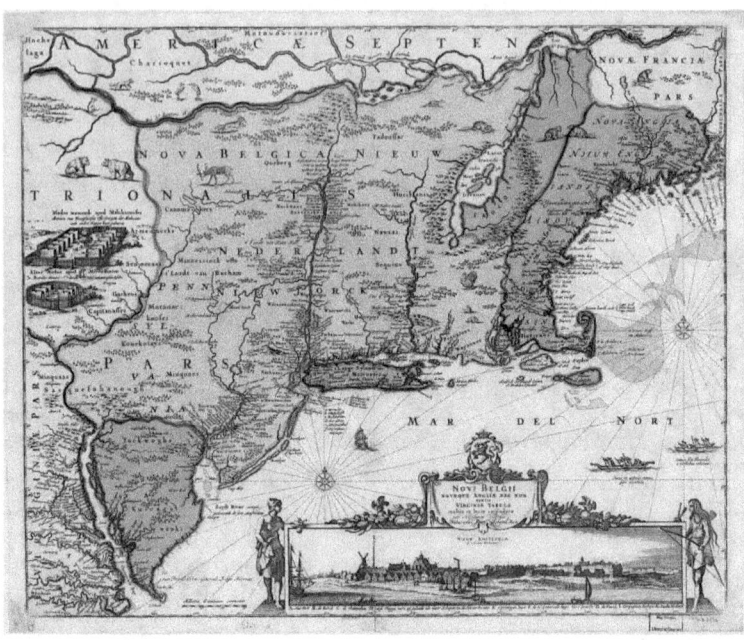

*Mapa del siglo XVII de la Nueva Ámsterdam holandesa y sus territorios circundantes. Fuente: https://commons.wikimedia.org*

Sin embargo, las décadas de 1660 y 1670 supusieron un cambio crucial para el comercio atlántico holandés y el WIC. Durante estas dos décadas, la compañía libró dos guerras contra los ingleses, que pretendían establecer su dominio tanto en los mares como en todo tipo de comercio. A lo largo de los años de combate, la WIC demostró ser demasiado débil para competir con los nuevos contendientes. En 1674, la WIC original se disolvió, pero se restableció al año siguiente como la Nueva Compañía de las Indias Occidentales. La gran demanda de esclavos fue suficiente incentivo para que los holandeses volvieran a intentarlo. Sin embargo, para entonces estaba claro que estaban perdiendo su lugar en el comercio de esclavos frente a los británicos y los franceses; los portugueses también habían conseguido recuperarse para entonces. Además de quedar al margen del comercio de esclavos, las guerras con Inglaterra también provocaron un cambio en la geografía y el uso de la mano de obra esclava para los holandeses.

En 1667, en virtud del Tratado de Breda, los holandeses perdieron sus tierras en América del Norte a manos de los ingleses, pero ganaron algunas de ellas en Surinam. En sus nuevos territorios, los holandeses encontraron una producción de azúcar ya desarrollada y decidieron mantenerla. Por ello, ya no solo transportaban personas esclavizadas, sino que comenzaron a emplear mano de obra forzada en gran número. El Surinam holandés se convirtió en uno de los mayores importadores del comercio holandés de esclavos durante el siglo XVIII. Alrededor de dos tercios de las personas esclavizadas fueron enviadas allí en las primeras décadas, mientras que este número aumentó a casi el 90% en las últimas décadas. Sin embargo, para entonces, los holandeses habían perdido el ritmo de las otras grandes naciones dedicadas al comercio de esclavos, a pesar de tener un relativo aumento en la cantidad, que alcanzó su punto máximo a mediados del siglo XVIII. Luego vinieron más guerras con Inglaterra y más tarde con Francia, las cuales desmoronaron lo que quedaba del comercio holandés de esclavos. En 1814, los holandeses habían prohibido el comercio de personas esclavizadas, pero para entonces, la actividad económica en ese campo había prácticamente desaparecido.

El nuevo WIC sufrió un destino similar al del comercio holandés de esclavos. Entró en un lento declive a principios del siglo XVIII y perdió el monopolio del comercio de esclavos en la década de 1730. Los holandeses se decantaron por el comercio libre, permitiendo la participación de todos los comerciantes, lo que probablemente explica el aumento general del número de esclavos transportados. En 1792, la compañía se disolvió y todas sus posesiones pasaron a manos de la República de los Siete Países Bajos Unidos, sobre todo en Surinam y en la Costa de Oro, los cuales intentaron adaptarse a una economía sin el comercio de esclavos.

En general, los holandeses desempeñaron un papel importante en el desarrollo del comercio transatlántico de esclavos. Rompieron el monopolio portugués cuando este parecía impenetrable, permitiendo que otras naciones se unieran a la trata. También perfeccionaron e hicieron mucho más eficiente el comercio de esclavos. Sin embargo, a pesar de ello, cuando se habla de números brutos, los holandeses representaban un pequeño porcentaje del comercio de esclavos africanos. Según las estimaciones modernas, desde su inicio en 1621 hasta su final en la primera década de 1800, los comerciantes holandeses transportaron alrededor de 530.000 personas esclavizadas. Esto supone alrededor del 6% del total del comercio transatlántico de esclavos. Según otras estimaciones, los holandeses importaron alrededor de 200.000 esclavos africanos para trabajar en sus plantaciones, sobre todo en Surinam, lo que equivaldría a cerca del 2% de toda la mano de obra esclava de América. Por lo tanto, está claro que el papel de la República Holandesa en el comercio de esclavos fue más de proveedora que de empleadora.

Debido a estas bajas cifras, al menos en comparación con otras naciones, los holandeses suelen ser clasificados como una nación de menor importancia en el comercio de esclavos. Hubo otros que también intentaron obtener beneficios económicos con el comercio de seres humanos, como por ejemplo los daneses, los suecos y los alemanes, pero su contribución e impacto fueron bastante pequeños y menos importantes en el panorama general. Por esta razón, su papel en el comercio transatlántico de esclavos no se abordará con mayor detalle. A diferencia de ellos, y de manera bastante diferente a los holandeses, los franceses desempeñaron un papel importante en la trata de esclavos.

Francia mostró un temprano interés por entrar en el monopolio comercial global con España y Portugal, ya a finales del siglo XV. Sin embargo, no pudo penetrar en él, ya que los ibéricos estaban en la cúspide de su poder. No obstante, los franceses siguieron haciendo intentos tanto en África como en América, encontrando un éxito inicial en el actual Canadá. Los franceses lo exploraron durante todo el siglo XVI, pero solo consiguieron colonizarlo en los primeros años del siglo XVII. Sin embargo, esta región no era tan valiosa como las colonias del sur, ya que su clima no era adecuado para el cultivo del azúcar. Por esta razón, Canadá nunca llegó a ser un importador de esclavos, teniendo menos de 2.000 africanos esclavizados durante todo el comercio transatlántico de esclavos. Un punto de apoyo más importante fue el Caribe, donde durante las décadas de 1620 y 1630 los franceses consiguieron hacerse con el control de lo que se convertiría en las Antillas Francesas, también conocidas como las Indias Occidentales Francesas, sobre todo en las islas de Martinica y Guadalupe. Más al sur, los franceses intentaron colonizar lo que hoy es la Guayana Francesa; sin embargo, sus intentos iniciales no tuvieron éxito, y esta no se convirtió en una colonia operativa hasta la década de 1660.

Con el establecimiento de las colonias del Caribe, los franceses entraron tanto en la producción de azúcar como en el comercio de esclavos. En 1642, un decreto real legalizó el comercio de esclavos en Francia, marcando la entrada oficial del país en el comercio de seres humanos. Con todo, los franceses recurrieron al principio a otros europeos como proveedores y compraron un número relativamente pequeño de africanos esclavizados. Su principal proveedor eran los holandeses, con los que establecieron una relación un tanto fuerte. Las colonias francesas, principalmente Martinica, dependían de los holandeses para obtener la tan necesaria mano de obra esclava, aunque la política económica general de la Francia del siglo XVII era de autosuficiencia en todos los aspectos. Como hacían muchas otras naciones europeas de la época, una de las formas de conseguir esta autosuficiencia era maximizar las exportaciones y minimizar las importaciones, una doctrina económica conocida como mercantilismo. Así, su dependencia de los holandeses se convirtió en una espina para Francia. Esta idea de independencia económica pasó a primer plano de los intereses nacionales franceses en la segunda mitad del siglo XVII, bajo el gobierno del rey Luis XIV y el primer ministro Jean-Baptiste Colbert.

Uno de los primeros pasos que dieron en busca de ese objetivo en su dominio colonial americano fue su expansión. Su conquista más importante fue Saint-Domingue (también conocida como Santo Domingo francés), la parte occidental de La Española, la actual Haití. A mediados del siglo XVI, era una colonia española muy olvidada, ya que estaba plagada de piratas. La conquista francesa de Saint-Domingue comenzó desde la isla de Tortuga, que se incorporó a las colonias francesas en 1659. En 1665, la conquista de Saint-Domingue se había completado, proporcionando a los franceses una tierra fértil muy necesaria para el cultivo del azúcar. Los españoles nunca reconocieron del todo la pérdida de su territorio, pero aceptaron tácitamente el nuevo poder en La Española. Pronto, Saint-Domingue se convirtió en el mayor importador francés de personas esclavizadas, superando a Martinica a finales de siglo.

Sin embargo, la expansión de los dominios americanos para aumentar las ganancias de las colonias era solo una parte de los planes mercantilistas franceses, ya que seguían dependiendo en gran medida del comercio holandés de esclavos. Su primer paso para contrarrestar este problema fue establecer un punto de apoyo en África, lo que se consiguió en 1659 cuando se estableció un puesto comercial llamado Saint-Louis en la isla situada cerca de la desembocadura del río Senegal. Durante la década de 1660, Francia se vio obligada por un tratado a ayudar a los holandeses contra los ingleses, algo que el rey Luis quería evitar en la medida de lo posible. Cuando esto fracasó, mantuvo la participación francesa al mínimo. En 1672, él se volvió contra los holandeses, librando una nueva guerra que duró seis años y dejó a Francia con importantes ganancias para su comercio de esclavos. En el Caribe, ganó la isla de Tobago, y en África, su dominio creció hasta incluir los puestos de comercio de esclavos de Gorea y Arguin, permitiendo un comercio más amplio dentro de la región de Senegambia. Además, se prohibió a los holandeses comerciar en las Indias Occidentales francesas. El volumen del comercio francés de esclavos aumentó tras estas victorias, ya que dependía menos de sus contendientes económicos.

*Una pintura francesa del siglo XIX que representa la trata de esclavos en la costa de África Occidental. Fuente: https://commons.wikimedia.org*

Los intentos de Francia por conseguir la autosuficiencia no se limitaron a la conquista de nuevas tierras y puestos comerciales. Desde principios del siglo XVII, los franceses intentaron copiar el éxito holandés creando compañías comerciales con diversos derechos y monopolios otorgados por el gobierno. El intento más serio y de mayor envergadura se produjo en 1664, cuando se formó la Compañía Francesa de las Indias Occidentales. La compañía recibió el monopolio de todo el comercio en América, desde Canadá hasta la Guayana Francesa, incluido el comercio de esclavos. Sin embargo, a pesar de contar con el pleno respaldo del Estado, en 1674 la compañía se había disuelto y fue sucedida por otras compañías locales más pequeñas, como la Compañía de Senegal. Su fracaso se debió en parte a los enfrentamientos con los ingleses y los holandeses, y sentó un precedente de compañías francesas que solo duraron unos años antes de ser disueltas. Como resultado de estos fracasos, y a pesar de todos los esfuerzos, los comerciantes franceses no lograron satisfacer la necesidad de mano de obra esclava en sus plantaciones de azúcar, lo que les obligó a menudo a buscar importaciones adicionales en otras naciones.

Aun así, los franceses lograron alzarse como nación comerciante de esclavos. En el último cuarto del siglo, sus barcos transportaban anualmente unas 2.000 personas esclavizadas, más o menos lo mismo que los holandeses, pero mucho menos que los portugueses e ingleses, que llegaban a las 7.000. En cambio, las importaciones francesas se dispararon en el mismo periodo, con unos 71.000 esclavos llevados a Saint-Domingue y unos 42.000 a Martinica. Este auge tardío de Saint-Domingue como productor de azúcar fue suficiente para que alcanzara casi el 50% de las importaciones de esclavos de la Francia del siglo XVI, aunque le siguió de cerca Martinica. En total, durante el siglo, los dominios de Francia importaron unos 155.000 esclavos, una cifra muy inferior a la de los españoles y portugueses, aunque sus territorios eran considerablemente más pequeños (siempre que se excluya a Canadá de la comparación).

A pesar de su cuestionable éxito en comparación con las principales naciones traficantes de esclavos, la trata de esclavos por parte de los franceses iba en aumento, al igual que el mercado general de personas esclavizadas. Junto con los ingleses, consiguieron desbancar a los holandeses, pero en los últimos años del siglo, estas dos nuevas potencias coloniales comenzaron a luchar por el control marítimo del comercio atlántico. Sus enfrentamientos comenzaron en 1689 y duraron hasta 1713, con un breve hiato de 1697 a 1702. Fueron, de hecho, dos grandes conflictos europeos, en los que varias naciones aliadas combatieron contra el creciente poder de Francia. Los ingleses fueron solo uno de los muchos países que lucharon contra ellos; sin embargo, con respecto al teatro de guerra del Atlántico, fueron los más importantes contra los que lucharon los franceses. Además, los franceses también lucharon contra los españoles y los holandeses, que, a pesar de ver disminuido su poder, seguían siendo enemigos formidables.

Las fuerzas francesas sufrieron grandes pérdidas en Europa, pero demostraron ser notables tanto en el Caribe como en la costa africana. Los corsarios franceses asaltaron barcos ingleses y españoles, así como sus colonias. Las más notables fueron sus invasiones de Jamaica, el centro del poder colonial inglés de la época. Estas victorias ayudaron a los comerciantes franceses de esclavos, ya que aseguraron sus posiciones tanto en África como en América. Francia, a través de su influencia dinástica, obtuvo el *Asiento* por parte de los españoles en 1701, convirtiéndose en el único proveedor de personas esclavizadas para el dominio más antiguo, y todavía el más grande, de las Américas. Esto formaba parte del intento de Francia de inmiscuirse en la sucesión de la Corona española, lo que posiblemente llevaría a una unión de los dos estados, lo que fue suficiente para reavivar la guerra brevemente pausada. Los éxitos en el frente atlántico continuaron, pero al final, las pérdidas en Europa hicieron que Francia perdiera todas sus ganancias durante las guerras, incluido el llamado *Asiento*, debilitando su posición como potencia naval y como nación líder en el comercio de esclavos.

A pesar de las derrotas en el campo de batalla, las colonias francesas siguieron creciendo y desarrollándose. Saint-Domingue era uno de los principales productores de azúcar del Caribe, lo que aumentaba la necesidad de mano de obra importada. Además, Francia consiguió ampliar sus posesiones en el continente americano. Aunque había estado explorando e intentando colonizar la región de Luisiana desde la década de 1660, solo se convirtió en una colonia francesa plenamente operativa en la última década del siglo. Allí, los franceses se enfrentaron a un problema similar al de la mayoría de los demás colonizadores europeos: la falta de mano de obra. Los principales productos eran el tabaco y el algodón, que, al igual que el azúcar, requerirían mucha mano de obra para ser rentables. Así, en 1699, los franceses empezaron a importar esclavos también en esa región, añadiendo otro destino para sus comerciantes. Además, la Guayana Francesa también se estaba expandiendo, buscando mano de obra esclava para su posterior desarrollo. Con todo, estas dos colonias eran importadoras de mano de obra esclava a pequeña escala en comparación con las islas productoras de azúcar.

El aumento del número de personas esclavizadas, así como el creciente volumen del comercio de esclavos en las colonias francesas a lo largo de finales del siglo XVII y principios del XVIII, impulsó al gobierno de París a regular legalmente este aspecto de la vida colonial. Tras años de preparación, en 1685 se promulgó el *Code Noir* (Código Negro), que en los años siguientes se fue adoptando y aplicando lentamente en todas las Antillas Francesas. Estas leyes regulaban el trato a los esclavos, su posición ante la ley y sus derechos, en caso de ser liberados. Sin embargo, la intención de estas leyes no era mejorar la vida del esclavo, a pesar de tener artículos relacionados con el tema. Su único objetivo era controlar legalmente el comercio de esclavos y, a través de él, asegurar tanto la producción de azúcar como la soberanía francesa sobre las colonias. Por ello, muchos dueños de esclavos ignoraron los artículos relativos a los castigos corporales, que estaban regulados por la ley, continuando con sus atrocidades contra los esclavizados. El *Code Noir* fue revisado posteriormente en 1723 y 1724, y siguió siendo el principal marco legal de la esclavitud en el dominio francés del Caribe durante todo el siglo XVIII.

Con la llegada de la paz entre los imperios coloniales europeos después de 1713, la producción y el comercio del azúcar siguieron desarrollándose. Las colonias francesas, sobre todo Saint-Domingue, empezaron a producir café, creando otra exportación. Para entonces, esta colonia llegó a ser conocida como la "Perla de las Antillas". Otras colonias francesas también prosperaron, pero la mayoría de ellas se enfrentaron a un revés similar. Ni la Francia continental ni Canadá les proporcionaban suficientes suministros, sobre todo alimentos, madera, animales de labor y esclavos. Por ello, los colonos franceses se volvieron hacia sus vecinos británicos, vendiendo su azúcar y sus productos derivados, como el ron y la melaza. Pronto, los productores de azúcar británicos se sintieron amenazados por los avances de los franceses en su mercado. Esto hizo que el Parlamento británico en Londres decretara aranceles y prohibiciones a la importación de azúcar francés en 1733, aunque esto no se aplicó rigurosamente al principio. La competencia en la producción de azúcar contribuyó a aumentar lentamente la tensión entre las dos naciones, que pronto llegaría a su punto de ebullición.

Primero, los ingleses entraron en guerra con España en 1739, y Francia se alió con esta última en 1744. A cambio, se le concedió el *Asiento*, lo que impulsó el comercio francés de esclavos durante un breve periodo de tiempo. Sin embargo, los ingleses pronto dominaron el océano Atlántico y utilizaron su supremacía naval para aislar las colonias francesas. Esto perjudicó tanto a la producción de azúcar como al comercio de esclavos. La paz oficial se aseguró en 1748, con pocos cambios en los territorios atlánticos. Los ingleses recuperaron el *Asiento*, mientras que las islas francesas volvieron al comercio de esclavos y a la exportación de azúcar. Sin embargo, durante los años siguientes, ambos lados trataron de dominar. Su principal objetivo era conseguir la primacía económica, lo que hizo que las dos naciones se enfrentaran también por el comercio de esclavos. Ambas compitieron por aumentar su control sobre el continente africano, sobre todo en la Costa de Oro. En 1750, los británicos habían abandonado el *Asiento*, que volvió a pasar a manos de Francia. Gracias a una frágil paz y al *Asiento*, el comercio francés de esclavos y la producción de azúcar florecieron.

*Pintura que representa una batalla naval entre Francia y Gran Bretaña en el siglo XVIII. Fuente: https://commons.wikimedia.org*

Son obstante, en 1756 había estallado otra guerra entre las dos mayores potencias coloniales europeas. Y una vez más, su lucha atrapó a otras naciones en el torbellino, sobre todo a España. La guerra duró hasta 1763 y terminó con la victoria de Inglaterra y sus aliados. A lo largo del conflicto, los británicos demostraron ser militarmente superiores, conquistando todas las posesiones coloniales de Francia en el Caribe, excepto Saint-Domingue. Además, también se apoderaron de sus posesiones en Senegal, incluida Gorea. En ese momento, parecía que los nubarrones se cernían sobre el comercio francés de esclavos y la producción de azúcar. Sin embargo, Francia consiguió conquistar la isla mediterránea de Menorca de manos de los británicos al principio de la guerra, algo que era importante para sus enemigos. Esto les permitió negociar la devolución de Martinica y Guadalupe en 1763, así como de Gorea. Sin embargo, todas las demás colonias norteamericanas fueron perdidas. Canadá, salvo una sola isla de su costa, pasó a manos de los británicos, mientras que Luisiana fue entregada a España.

Con todo, estas pérdidas resultaron en su mayoría irrelevantes para el comercio de esclavos. Los territorios norteamericanos no eran grandes importadores de mano de obra forzada. Además, la producción de azúcar en Guadalupe y Martinica solo se expandió bajo los ingleses, que siguieron enviando esclavos a las islas que estuvieron brevemente en su poder. Durante el periodo de paz, la industria azucarera de Saint-Domingue se disparó. Solo esta colonia producía tanto como todo el dominio americano británico. Las Antillas Francesas entraron en su edad de oro, tanto en calidad como en cantidad, lo que hizo que también creciera el número de trabajadores esclavizados importados. Una vez más, los franceses fueron incapaces de satisfacer su propia demanda, recurriendo a sus competidores británicos para obtener más esclavos junto con otros recursos necesarios. Sin embargo, este comercio no estaba localizado únicamente en las islas del Caribe, ya que el comercio entre las Antillas Francesas y las colonias americanas británicas se había expandido en los años posteriores a la guerra. Además, los franceses comenzaron a desarrollar la producción agrícola en la Guayana Francesa, aunque todavía estaba lejos de convertirse en la preciada Perla de las Antillas.

La paz duró hasta 1778, cuando Francia decidió ponerse al lado de los revolucionarios americanos en su lucha contra Gran Bretaña. Su decisión de ayudar a los americanos tuvo dos razones. Las Trece Colonias se convirtieron en importantes socios económicos para los franceses, y estos también querían vengarse de su anterior derrota. Mientras los ingleses estaban más centrados en el frente continental, los franceses obtuvieron varias victorias en el Caribe, conquistando varias islas menores allí. Además, también obtuvieron algunos éxitos iniciales en Senegal. Recuperaron Saint-Louis y arrasaron el Fuerte St. James. A su vez, los ingleses ocuparon Gorea más tarde. Esta vez, Francia llevaba la delantera en las negociaciones de paz, que se habían visto favorecidas por la victoria americana en la revolución. Así, cuando se firmó el Tratado de París de 1783, Francia pudo postular sus demandas. El principal objetivo de Francia era recuperar el control de la región de Senegal, ya que era vital para su creciente sed de mano de obra esclava. Gran Bretaña aceptó, y las dos naciones también firmaron acuerdos comerciales, permitiendo a los comerciantes británicos comerciar goma de mascar en la región.

Además de consolidar la costa senegalesa, los franceses obtuvieron la isla de Tobago. Esta era otra colonia productora de azúcar, que también necesitaba mano de obra esclava. Francia se centró en ampliar tanto su producción de azúcar como su comercio de esclavos. En primer lugar, se introdujo en las colonias una nueva raza de caña de azúcar. Su rendimiento por acre era aproximadamente tres veces superior al de los británicos. Además, se liberalizaron las regulaciones comerciales, que eran más importantes para el comercio de los humanos, y también se formaron nuevas compañías comerciales. Debido a estos cambios, los comerciantes franceses se apresuraron a llegar a las colonias, buscando enriquecerse rápidamente. La década de 1780 se convirtió en una década de gran expansión para las colonias francesas. Su producción de azúcar se duplicó, así como sus importaciones de esclavos. De 1783 a 1793, los comerciantes franceses de esclavos trajeron una media de casi 30.000 esclavos al año. Sin embargo, esta expansión no duró mucho.

La Francia continental, a pesar del bullicioso comercio de azúcar y esclavos en las colonias, estaba cayendo en una crisis social y económica. Esto condujo a la famosa Revolución Francesa de 1789, que provocó grandes luchas entre las potencias europeas en 1792. Estos enfrentamientos no tardaron en manifestarse también en los mares. Sin embargo, la derrota y pérdida más importante para el imperio colonial francés no vino de manos de otros europeos, sino de una revuelta de esclavos. Durante la mayor parte del siglo, Saint-Domingue fue tristemente célebre por el duro trato que recibían las personas esclavizadas. La llegada de los ideales revolucionarios, sobre todo la libertad y la igualdad, supuso una falsa esperanza para los esclavizados. Pero sus esperanzas de libertad solo disminuyeron, y también se enfrentaron a la posibilidad de un régimen aún más duro, ya que algunos de los propietarios de esclavos pensaron en separarse de la Francia revolucionaria. En 1791, los esclavos iniciaron una rebelión.

*Ilustración de la rebelión de esclavos de 1791 en Saint-Domingue.
Fuente: https://commons.wikimedia.org*

Durante los trece años siguientes, la insurrección de los esclavos se enfrentó a muchos enemigos, entre ellos Gran Bretaña y España. A pesar de ser enemigos de Francia, estas dos naciones temían que la revuelta se extendiera a sus territorios; además, el control de Saint-Domingue les daría ventaja frente a los franceses. A pesar de ello, la rebelión perseveró, derrotando oleada tras oleada de fuerzas europeas, incluida la invasión de Napoleón Bonaparte en 1802. Así, en enero de 1804, Saint-Domingue proclamó su independencia y cambió su nombre a Haití. La esclavitud fue abolida allí, pero sus efectos en el movimiento abolicionista mundial siguen siendo discutidos por los historiadores modernos. En cualquier caso, mientras seguía luchando por mantener su imperio colonial, Francia abolió la esclavitud en 1794. Esta ley fue revocada por Napoleón, pero con poco efecto, ya que la guerra seguía en marcha. Tras la derrota francesa en 1815, el nuevo gobierno prometió abolir la esclavitud, aunque no fue promulgado sino hasta 1826.

A pesar de no haberse resuelto a nivel legal, y aunque las leyes no siempre se aplicaban en los dominios coloniales, el comercio de esclavos en Francia había sido destruido en su mayor parte en 1793.

Para entonces, los franceses habían asegurado su posición en la historia como la cuarta nación más importante en el comercio de esclavos. Entre 1700 y 1793, los mercaderes franceses embarcaron en sus naves a algo más de un millón de africanos esclavizados. Durante ese periodo, la gran mayoría de ellos fueron enviados a Saint-Domingue, aproximadamente 750.000 personas o cerca del 75% de toda la importación de Francia, lo que la convirtió en el mayor importador de esclavos del Caribe. Martinica le siguió con unos 125.000, mientras que Guadalupe recibió unos 40.000. La Guayana Francesa y Luisiana juntas no llegaron a los 20.000. En general, se calcula que los franceses importaron alrededor del 15% de todo el comercio de esclavos del Atlántico hasta el año 1800, porcentaje que se reduce a alrededor del 13% si se cuenta el siglo XIX. Hablando en términos de números crudos, a lo largo de toda su participación en el comercio de esclavos, Francia tomó alrededor de 1,4 millones de personas esclavizadas de África, de las cuales menos de 1,2 millones llegaron al continente americano, ya que muchos perecieron en su viaje a través del océano.

La mayoría de los africanos procedían de África occidental y central, aproximadamente el 36%, y del golfo de Benín, que aportaba algo menos del 25%. Esto es ligeramente sorprendente, ya que Francia solo se centró en la construcción de colonias en la costa senegalesa. La región senegalesa solo representaba un 6,5% del comercio francés de esclavos. Por ello, los franceses rara vez representaban una mayoría en las exportaciones de esclavos de cualquier región. El enfoque de los mercaderes franceses dependía del estado actual de los asuntos políticos y económicos, tanto en África como en el Caribe, así como entre los propios europeos. Estos también afectaron a la distribución temporal del comercio francés, especialmente durante el siglo XVIII, que se caracterizó por descensos durante las guerras y picos en tiempos de paz, cada uno de los cuales sería superior al anterior. El último periodo lucrativo, entre 1780 y 1793, supuso aproximadamente un tercio de todo el comercio de esclavos de ese siglo. En esos trece años, los franceses embarcaron unos 300.000 africanos, alcanzando un récord de unos 41.000 en un solo año de ese periodo.

De este modo, los franceses se aseguraron un lugar en la infame historia del comercio atlántico de esclavos como la cuarta nación más importante en este ámbito. Junto con los holandeses, penetraron en el monopolio ibérico del comercio de seres humanos, aunque de dos maneras muy diferentes. Mientras que los holandeses trataban de abastecer a otros, sin utilizar gran parte de los esclavos por sí mismos, los franceses trataron de crear una red de esclavos propia y autosuficiente. Independientemente de las diferencias, ambos dejaron importantes huellas en el comercio transatlántico de esclavos.

# Capítulo 4 – Ascenso de los Ingleses a la Cima de la Trata de Esclavos

Debido a la demanda española de esclavos, los portugueses establecieron el comercio transatlántico de esclavos. Su dominio se mantuvo firme durante más de un siglo. Después, los holandeses se disputaron el monopolio ibérico, mientras que los franceses trataron de encontrar su propio lugar en la red de comercio de esclavos. Sin embargo, fueron los ingleses quienes consiguieron desbancar a los portugueses de su primacía en el comercio de seres humanos.

Mientras los ibéricos seguían dominando el mar en el siglo XVI, los ingleses intentaban encontrar su lugar entre los imperios coloniales. En aquella época, Inglaterra aún no era una gran potencia naval, por lo que sus posibilidades en América eran limitadas. Su atención se centró en América del Norte, donde los ibéricos tenían poco interés. Se realizaron algunas expediciones y reclamaciones tempranas en las regiones de Terranova, Virginia y otras regiones de la costa este de los actuales Estados Unidos. Sin embargo, no se realizaron asentamientos permanentes durante bastante tiempo, siendo uno de sus fracasos más famosos la colonia de Roanoke en la década de 1580. Al no tener colonias y carecer de capacidad para competir con las flotas española y portuguesa, los ingleses tenían pocos incentivos para incursionar en el comercio de esclavos durante el siglo XVI.

Sin embargo, hubo una notable excepción: John Hawkins. Era un corsario inglés, respaldado por la Corona, que se dio cuenta de que se podían obtener beneficios comerciando con seres humanos esclavizados. Entre 1562 y 1567, realizó tres viajes desde África, concretamente la región de Sierra Leona, donde capturó varios cientos de africanos y participó en una guerra local, llevando los esclavos a las colonias españolas de La Española y Venezuela. Este primer intento de participar activamente en el comercio de esclavos se vio truncado por la derrota de Hawkins en 1567, que apenas logró escapar con vida. Perdió todas sus ganancias y, con ello, los ingleses perdieron su interés en los beneficios del comercio de esclavos. Durante los siguientes setenta y cinco años, no tuvieron mucho que ver con la esclavitud. En la década de 1620, un comerciante inglés se negó a comerciar con esclavos cuando se los ofreció su socio africano. Dijo que ni él ni los ingleses se ocupaban del comercio de seres humanos. Sin embargo, el cambio ya se vislumbraba en el horizonte. En 1607, los ingleses establecieron su primera colonia americana con éxito en Jamestown. Pronto le siguieron otras, sobre todo las primeras colonias caribeñas de San Cristóbal, Barbados y Nieves en la década de 1620. Los ingleses comenzaron a producir tabaco en el continente norteamericano y azúcar en las islas del Caribe.

La llamada "revolución del azúcar", que marca el inicio de la orientación inglesa hacia la esclavitud en sus colonias, fue en realidad provocada por los holandeses. Sus comerciantes llevaron por primera vez la caña de azúcar a Barbados en 1640 desde Brasil, país que ocupaban en ese momento. Su idea era actuar como comerciantes intermediarios con los ingleses, suministrando esclavos mientras exportaban azúcar a Europa. Sin embargo, los planes holandeses fracasaron. Si bien los ingleses adoptaron rápidamente el azúcar como su principal producto en las Indias Occidentales, al principio tuvieron que recurrir a la mano de obra blanca contratada, así como a las personas que huían de la guerra civil inglesa. Los prisioneros también constituían una parte importante de la mano de obra en las primeras colonias inglesas. Al mismo tiempo, la producción de azúcar seguía siendo a pequeña escala, lo que disminuía aún más los ingresos de los holandeses.

Sin embargo, el cambio llegó rápidamente. Los ingleses eran conscientes de que estaban perdiendo ganancias con respecto a los holandeses y, en 1651, el Parlamento británico prohibió a los barcos extranjeros comerciar en sus colonias. Al mismo tiempo, la Compañía de Guinea, fundada en 1618 para el comercio convencional a lo largo de la costa africana, se reorientó hacia el comercio de seres humanos. Trataban de satisfacer la creciente demanda en Barbados, que para entonces tenía aproximadamente el mismo número de esclavos africanos y de ingleses blancos de diversa condición social trabajando en las plantaciones de azúcar. Esto provocó una creciente competencia con los comerciantes holandeses, y aunque las relaciones siguieran siendo pacíficas, también eran tensas. Es fundamental mencionar que, antes de la década de 1650, los comerciantes ingleses tenían algunos tratos con seres humanos como mercancía. Sin embargo, era a escala minúscula y más una excepción que la norma. Los registros al respecto son escasos, lo que refuerza la idea de que los comerciantes ingleses de principios del siglo XVII no estaban muy implicados en el comercio de esclavos.

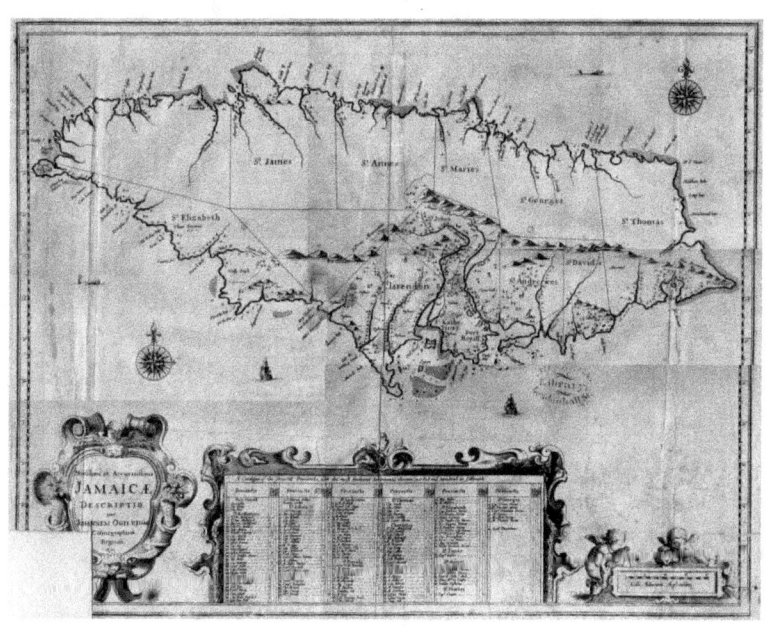

*Un mapa de Jamaica del siglo XVII. Fuente: https://commons.wikimedia.org*

Otro acontecimiento importante fue la expansión de las Indias Occidentales inglesas. En 1648, Inglaterra inició la colonización de las Bahamas, que se concretó en 1666. Más importante aún, Inglaterra arrebató Jamaica a los españoles en 1655. Esta comenzó a orientarse hacia la producción de azúcar, abriendo otro mercado de esclavos para los comerciantes ingleses. Sin embargo, al igual que en Barbados, la demanda inicial fue escasa. En primer lugar, los españoles dejaron algunos de sus esclavos africanos, mientras que los ingleses trataron de satisfacer la demanda de mano de obra trayendo trabajadores blancos contratados. Los ingleses también expandieron sus colonias en el continente norteamericano, por ejemplo, fundando Maryland, Massachusetts y Carolina, aunque esta última no se asentó propiamente hasta 1670. Estas colonias también dependían más de los colonos ingleses y de los sirvientes que traían que de los esclavos africanos, aunque la esclavitud estuvo presente allí desde sus inicios. Por ejemplo, en 1638, en Maryland, se propusieron proyectos de ley sobre la exención de los derechos cristianos de los esclavos, que eran compartidos tanto por los libres como por sus sirvientes. En cualquier caso, la importación de esclavos en estos primeros años, tanto a la tierra firme americana como a las islas del Caribe, estaba más en el ámbito de las centenas que en el de los miles.

El crecimiento del dominio colonial de Inglaterra no hizo sino aumentar la demanda de mano de obra esclava. Esto dio un mayor incentivo a los comerciantes para desafiar a los holandeses, sus principales proveedores, en ese campo. La Corona inglesa, que había sido restaurada en 1660 tras la caída de la república de Cromwell, se dio cuenta de que la única solución viable era establecer una compañía comercial. Así, en 1663 se formó la Compañía de Aventureros Reales que Comerciaban en África, con el objetivo de comerciar tanto con seres humanos como con otros bienes preciosos como el oro o el marfil. El objetivo inicial de la recién fundada compañía era conseguir estaciones comerciales en la costa africana. Fundaron sus propios fuertes o conquistaron los ya existentes de sus competidores. Su avance más notable se produjo entre 1665 y 1667, durante la guerra con los holandeses, desencadenada por la competencia económica entre ellos. Con todo, los ingleses perdieron la guerra y tuvieron que pagar indemnizaciones. Sin embargo, su pérdida no fue completa. En África, se aseguraron una amplia red de fuertes y puestos comerciales, que se extendían desde Senegambia hasta Benín, siendo el castillo de Cape Coast, en Ghana, el más notable. Además, conquistaron Nueva Ámsterdam, o Nueva York, como se conoce hoy en día.

No obstante, la guerra resultó demasiado costosa para la compañía. Fue un esfuerzo costoso, y durante esos dos años aproximadamente, el comercio fue prácticamente inexistente. Después de la guerra, los Aventureros Reales trataron de subarrendar su monopolio a los comerciantes libres en un intento de recuperarse, pero en 1672 se había reorganizado en la nueva, Real Compañía Africana (o "Real African Company", según su nombre de origen en inglés). Se le concedió un monopolio más amplio y más derechos que los que tenía la Compañía de Aventureros, ya que tenía derecho a hacer cumplir las leyes, a ocupar tierras no cristianas, a firmar tratados con naciones no europeas, etc. Parece que a la nueva compañía se le dio rienda suelta para ocuparse de cualquier cosa que no fuera involucrar a Inglaterra en guerras con sus competidores europeos. Como antes, el comercio de esclavos era uno de sus principales objetivos, ya que la sed de mano de obra esclavizada seguía creciendo en las colonias del Caribe. La Real Compañía Africana comerciaba en toda la costa africana, desde Senegal hasta Angola, tratando de no limitarse a una región en particular. Sin embargo, sus principales fuentes de esclavos procedían de las regiones de la bahía de Benín y la bahía de Biafra, constituyendo más del 55% de los esclavos ingleses exportados hasta 1689.

La Real Compañía Africana tuvo inicialmente un gran comienzo. Hasta la guerra con Francia en 1689, la compañía transportó más de 100.000 esclavos africanos a través del Atlántico, con un promedio de más de 6.000 personas al año. En su punto álgido, transportó más de 8.000 personas esclavizadas en un solo año. El principal destino de los comerciantes ingleses era Barbados, que acogía a cerca del 40% de los africanos traficados. Esto se debía en parte a su producción de azúcar más desarrollada, pero también a que la isla era el lugar donde los ingleses desembarcaban por primera vez cuando navegaban desde África. Además, muchos de sus plantadores eran también accionistas de la compañía.

A Barbados le seguía de cerca Jamaica, que se expandía lentamente como centro de producción de azúcar, acogiendo a cerca del 30 por ciento de los esclavos. Alrededor del 10 por ciento de los esclavos eran enviados a Nieves, mientras que otras colonias, incluyendo Virginia y Maryland, eran solo importadores menores, a pesar de la lenta expansión de la producción de tabaco y algodón. También es importante señalar que los historiadores modernos estiman que, durante la década de 1680, uno de cada cuatro africanos perdió la vida mientras se dirigía a las Américas. Otro dato interesante es que los azucareros ingleses de las colonias, a diferencia de sus homólogos de Brasil, preferían tener esclavos de Guinea antes que de Angola. A diferencia de los portugueses, valoraban más la docilidad y la conformidad que la capacidad de soportar condiciones duras y el trabajo.

Las relaciones entre los plantadores y la compañía se deterioraron rápidamente. Muchos de los productores de azúcar empezaron a quejarse de su monopolio, alegando que mantenían sus precios elevados sin poder satisfacer la demanda de mano de obra forzada. Además, algunos de ellos incluso se quejaban de que los esclavos eran de mala calidad. Esto no hace más que añadir otra capa a la imagen de lo duras que eran las condiciones de los esclavos africanos, así como de cómo los ingleses y otros colonos europeos veían a las personas esclavizadas como meras mercancías y no como seres humanos. Estas quejas también describen los crecientes problemas a los que se enfrentaba la Real Compañía Africana desde la década de 1680. Los precios del azúcar bajaban, reduciendo sus beneficios, mientras que los comerciantes ilegales empezaban a invadir su monopolio. Además, se veía obligada a pagar el mantenimiento de los asentamientos ingleses en la costa africana, mientras muchos de los plantadores aumentaban sus deudas con la compañía.

Estos problemas siguieron acumulándose y agobiaron a la compañía. Otros problemas llegaron en 1688, con el inicio de la Revolución Gloriosa, que esencialmente anuló el monopolio oficial de la Real Compañía Africana. Luego, en 1689, sobrevino la guerra con Francia, que causó más trastornos al comercio. En 1690, la compañía apeló al Parlamento británico para que se reafirmara su monopolio en un intento de salvar su negocio, al menos en cierta medida, pero sus súplicas fueron inútiles. Al final de la guerra, en 1697, la Real Compañía Africana registró enormes pérdidas financieras. Sus defensores intentaron argumentar que el comercio africano era beneficioso para todo el reino inglés y que los fuertes eran necesarios para mantener su red comercial. Esto llevó al Parlamento a encontrar un compromiso entre la compañía y los comerciantes libres. En 1698, aprobó una ley que permitía a todos los comerciantes comerciar en la costa africana, aunque los que no pertenecían a la compañía debían pagar una tasa del 10%. Este impuesto se entregaba a la compañía para el mantenimiento de las fortificaciones y, a cambio, estaba obligada a proporcionar protección a todos los comerciantes ingleses que la necesitaran.

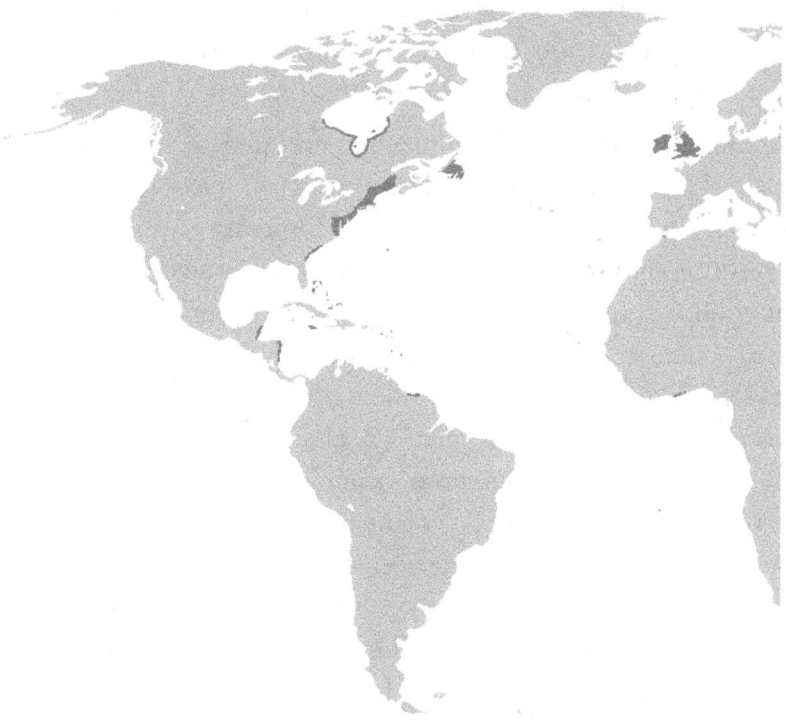

*Mapa de las posesiones atlánticas británicas alrededor de 1700.*
*Fuente: https://commons.wikimedia.org*

Sin embargo, esto llegó demasiado tarde. La Real Compañía Africana ya estaba en declive. En la década comprendida entre 1690 y 1700, los comerciantes libres transportaron casi 38.000 esclavos, mientras que la compañía alcanzó algo más de 25.000. La compañía siguió presionando para que se le devolviera el monopolio después del trato concordado, lo que hizo que el gobierno inglés realizara una investigación sobre su afirmación de que el comercio libre de esclavos causaría pérdidas globales. Sus resultados contradijeron las afirmaciones de la compañía. En menos de una década, el comercio general de esclavos inglés había alcanzado las 93.000 personas esclavizadas exportadas a las Américas, con unas 75.000 procedentes de los comerciantes libres. Incluso en su punto álgido durante la época del monopolio, la Real Compañía Africana había exportado menos que esto. Con todo, los comerciantes libres no fueron los únicos beneficiarios de esta expansión del comercio de esclavos, ya que los plantadores de América tuvieron acceso a la mano de obra que necesitaban para ampliar su producción.

El aumento más notable se produjo en Jamaica, que fue el destino de casi el 50% de los esclavos importados. De ellos, casi 36.000 procedían de comerciantes privados, mientras que la compañía suministraba menos de 7.000 africanos esclavizados. Este cambio hacia el libre comercio también benefició a Virginia y Maryland, que habían sido en gran medida abandonadas por la compañía. Combinadas, estas colonias continentales recibían ahora casi el 10% de los esclavos importados. En 1712, el acta de compromiso expiró y no se prorrogó. El Parlamento británico se convenció de que el comercio libre de esclavos era mejor tanto para la expansión del comercio como para las plantaciones y la producción. La compañía continuó participando en el comercio de esclavos durante otras dos décadas, aunque su número anual era, en promedio, inferior a 1.000 africanos transportados. Después, la compañía se dedicó al marfil y al oro antes de desaparecer en la década de 1750. Sea como fuere, el comercio general de seres humanos entre los comerciantes ingleses continuó expandiéndose y creciendo.

Antes de pasar a explicar y describir la época dorada de la trata de esclavos inglesa, es vital dar un paso atrás y observar el aspecto legal de la esclavitud en esta nación. A diferencia de los franceses o los portugueses, los ingleses nunca crearon un código de leyes unificado respecto a la esclavitud. Muchos se opusieron a la idea misma debido a su naturaleza contraria a la inglesa. Por supuesto, esto no impidió que algunos la explotaran para su propio beneficio. Sin embargo, el auge de la esclavitud en la segunda mitad del siglo XVI exigía alguna base legal, aunque solo fuera para proteger la propiedad de los plantadores ingleses. Esta fue la idea base detrás del Código de Esclavos de Barbados, que se aprobó en 1661 y estipulaba que los esclavos debían ser protegidos por la ley como cualquier otro bien. Con ello, las personas esclavizadas eran representadas legalmente como propiedad, no como seres humanos. Esto, a su vez, significaba que a los esclavos se les negaban derechos básicos, como el derecho a la vida, que estaba garantizado por la ley común inglesa. Los esclavos quedaban completamente a merced de sus amos, que podían hacer con ellos lo que quisieran.

A diferencia de los códigos aprobados por otras naciones europeas dedicadas al comercio de esclavos, el Código de Barbados no se ocupaba del mantenimiento de los esclavos, aparte de exigir a sus amos que les proporcionen un único juego de ropa cada año. La vivienda, la alimentación, las condiciones de trabajo y cualquier otro aspecto de la vida de los esclavos no se mencionaban, lo que contribuía a aumentar el trato inhumano de los mismos. Desgraciadamente, este código se convirtió en la base de todas las demás colonias inglesas y sus leyes sobre la esclavitud. Se adoptaron códices similares en todo el dominio inglés, por ejemplo, en Jamaica (1664), Carolina del Sur (1696) y Antigua (1702). A pesar de estar basados en el Código de Esclavos de Barbados, todas estas colonias modificaron sus leyes para adaptarlas a sus necesidades; por ejemplo, en las primeras leyes de esclavitud de Jamaica, la pena de muerte era más raramente proferida debido a la escasa oferta de esclavos. Con el tiempo, estos códigos sufrieron ligeras modificaciones, pero su esencia siguió siendo la misma.

También es significativo señalar que las leyes sobre la esclavitud se aprobaron en Virginia más o menos al mismo tiempo que en Barbados. A diferencia de otras colonias, esas leyes no se basaban totalmente en el Código de Barbados; aunque, debido a sus estrechos lazos con las colonias caribeñas, algunas partes estaban al menos inspiradas en él. Ese conjunto de leyes se convirtió en un código unificado en 1705. Los Códigos de Esclavos de Virginia se convirtieron en un modelo para otras colonias tabacaleras, como Maryland, Delaware y Carolina del Norte. No obstante, estas leyes no se referían realmente al trato de los esclavos. Su objetivo era más bien legalizar el comercio de esclavos y establecer un mayor control sobre la creciente población africana. Esto se consiguió mediante la segregación y la deshumanización de los esclavos. Estos códigos también muestran cómo la esclavitud se expandió por las colonias inglesas, tanto geográficamente como a través del tiempo.

De manera general, durante el siglo XVII, las estimaciones modernas sitúan el volumen del comercio de esclavos inglés en unas 330.000 personas. La mayoría de ellas, unas 300.000, llegaron en la segunda mitad del siglo. El aumento más pronunciado se produjo después de 1680, ya que en las dos últimas décadas del siglo alcanzó aproximadamente el 50% del total del comercio de esclavos inglés. Inglaterra pasó de no estar básicamente involucrada en el comercio de esclavos a estar a la altura de los portugueses en aproximadamente un siglo. Pero esto solo fue el principio, y en el siglo XVIII los ingleses dominaron el comercio transatlántico de esclavos. Hubo varias razones detrás de esta expansión. Como ya se mencionó, parte del éxito provino de la liberalización del comercio de esclavos, así como de todas las demás ramas mercantiles. Más capital, más competencia y, sobre todo, más comerciantes significaban más negocio.

Pero la expansión del comercio de esclavos inglés en el siglo XVIII no fue únicamente el resultado de dicha liberalización. Otra influencia notable provino del fortalecimiento del poder y el dominio naval británico. A pesar de que los franceses y, en mucho menor grado, los holandeses seguían siendo rivales, los ingleses se convirtieron en la nación más poderosa en los mares. Esto le permitió expandir su flota mercante y ampliar su alcance mientras transportaba más carga que antes. Por supuesto, parte de esto vino de la mano del desarrollo naval general, ya que los barcos europeos aumentaron de tamaño. A la capacidad de adquirir y transportar más personas esclavizadas se unió el hecho de que el mercado de esclavos americano crecía constantemente, alimentado por la constante sed de más producción y ganancias financieras. A diferencia del siglo anterior, cuando la expansión del mercado de esclavos era principalmente el resultado de la adquisición de nuevos dominios coloniales, el mercado de esclavos británico del siglo XVIII crecía principalmente porque las colonias existentes necesitaban un número cada vez mayor de esclavos para mantener su creciente producción. El ejemplo más notable de esto fue Jamaica, que se convirtió tanto en el mayor importador de personas esclavizadas como en el mayor productor de azúcar de las colonias británicas de América.

Este hecho no significa que el dominio colonial británico no se expandiera. Tras la guerra de Sucesión Española, también conocida como la guerra de la Reina Ana, que terminó en 1713, Gran Bretaña se adjudicó Terranova y la región de la bahía de Hudson, en el actual Canadá, así como San Cristóbal en el Caribe. En 1732 se fundó Georgia, que fue la última de las Trece Colonias, mientras otras colonias continentales se expandían y crecían. No obstante, la mayor expansión se produjo tras la guerra de los Siete Años, que concluyó con el Tratado de París en 1763. Con esta importante victoria, Gran Bretaña pudo mantener el control de Canadá, Granada, Tobago, San Vicente y Dominica, al tiempo que obtenía la mitad oriental de la Luisiana francesa, que abarcaba la zona comprendida entre los montes Apalaches y las orillas del río Misisipi. También se lograron pequeños avances en la región de Senegal. La suerte de los británicos pronto se invirtió con su derrota en la guerra de la Independencia estadounidense (1775-1783). Perdió las Trece Colonias, que proclamaron su independencia, mientras que Francia recuperó algunos de los puertos senegambianos perdidos y Tobago. Finalmente, con las guerras revolucionarias francesas de la última década del siglo, los británicos obtuvieron el control de la Guayana Francesa en 1797, así como de Trinidad y Tobago en 1802.

Aun así, estos cambios territoriales tuvieron menos consecuencias para el comercio de esclavos. Canadá era económicamente inadecuado para el uso de mano de obra forzada. Las islas caribeñas antes mencionadas eran pequeñas; aunque se dedicaban a la producción de azúcar, su impacto global en el aumento de los esclavos importados no puede considerarse una fuerza impulsora del crecimiento del comercio de esclavos inglés. Solo Granada y Dominica tuvieron una importación de esclavos más importante en la segunda mitad del siglo, que fue bastante elevada en cifras brutas; juntas, importaron algo más de 220.000 africanos entre 1750 y 1800. La Guayana Francesa también presentaba un mercado potencial para la exportación de africanos esclavizados, si bien esta región, al igual que Trinidad y Tobago, estuvo bajo control británico durante un breve periodo de tiempo antes de la abolición de la esclavitud. Por lo tanto, su impacto en el comercio inglés de esclavos fue también marginal, aunque no inexistente.

Se podría emitir un juicio similar sobre la expansión de las Trece Colonias. Hubo un crecimiento razonable, tanto en las tierras reclamadas como en las asentadas de hecho a lo largo del siglo XVIII, y esta ampliación expandió un poco el mercado de esclavos, especialmente en los estados del sur, cuyo clima era adecuado para los cultivos comerciales como el tabaco, el algodón y el arroz. Sin embargo, la mayoría de estas expansiones territoriales o bien no se encontraban en las regiones adecuadas para el cultivo de cosechas comerciales, o bien esas zonas no estaban totalmente asentadas o explotadas. No obstante, se produjo un claro aumento de la necesidad de mano de obra esclava en las colonias americanas. Además, el volumen global del comercio de esclavos inglés siguió creciendo incluso después de que Estados Unidos declarara su independencia, lo que indica claramente que el continente norteamericano aún no se había convertido en un mercado vital para los comerciantes de esclavos ingleses.

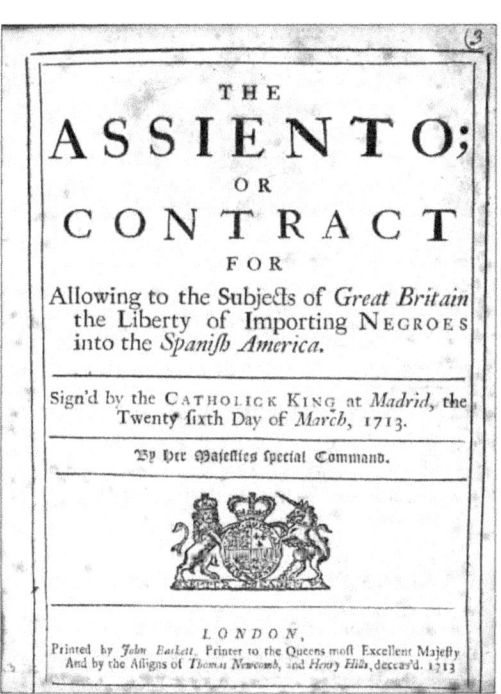

*Traducción al inglés del Contrato de Asiento español de 1713 (arriba) y una ilustración de los traficantes de esclavos ingleses en el siglo XVIII (abajo). Fuente: https://commons.wikimedia.org*

Había otro aspecto que ampliaba el alcance del comercio de esclavos inglés. A lo largo del siglo XVIII, muchos comerciantes británicos abastecían también los mercados extranjeros. Tras la paz de 1713, sus comerciantes recibieron el *Asiento* español. Sin embargo, esto resultó ser menos lucrativo de lo que quizás esperaban los ingleses. Las frecuentes guerras pusieron en pausa este acuerdo comercial, e incluso cuando estaba activo, los españoles no tenían mucha necesidad de mano de obra esclava. Solo a finales del siglo XVIII, con el aumento de la producción de azúcar en Cuba, los comerciantes ingleses vieron aumentar la demanda española. A principios del siglo XIX y con la abolición del comercio de esclavos en Gran Bretaña, los ingleses suministraron a los españoles alrededor de 95.000 personas esclavizadas, la mayoría a sus colonias cubanas. Otro mercado extranjero notable era, sorprendentemente, las Antillas Francesas. A pesar de las frecuentes guerras y de la competencia general, parece que los plantadores franceses recurrieron a sus enemigos cuando sus propios comerciantes no pudieron suministrarles la mano de obra forzada que necesitaban. Durante el siglo XVIII y los primeros años del XIX, los ingleses transportaron unos 85.000 esclavos africanos a los franceses. Sus principales destinos eran Martinica y Guadalupe.

En lo que respecta a la cuestión de la procedencia de los esclavos por parte de los ingleses, las cifras proporcionan un claro favorito. Desde el inicio del comercio liberalizado de esclavos en 1690 hasta 1807, casi el 36% de los esclavizados exportados por los comerciantes británicos procedían de la bahía de Biafra. En realidad, el porcentaje creció a lo largo de este periodo, ya que la región de Biafra, en algún momento, representó aproximadamente el 40% de los esclavos tomados por los ingleses. Le seguían la Costa de Oro, con casi el 20 por ciento, y el África centro-occidental, con cerca del 17 por ciento. Esta última se mantuvo en el mismo porcentaje a lo largo del siglo, mientras que la Costa de Oro redujo sus exportaciones. La bahía de Benín tuvo una trayectoria similar, pasando de cerca del 14 por ciento a solo el 6 por ciento, al igual que la región de Senegal, que bajó del 9 por ciento al 5 por ciento. Además de la región de Biafra, solo Sierra Leona y la costa de Barlovento, la actual Costa de Marfil, vieron aumentar su participación en el comercio de esclavos inglés. La primera pasó de apenas un 2 por ciento a un 7 por ciento, mientras que la segunda aumentó su participación del 5 por ciento al 8 por ciento.

Por último, está la cuestión de la distribución temporal y la evolución del comercio de esclavos inglés a lo largo del siglo XVIII. En general, a lo largo de casi todo el periodo, el volumen de seres humanos enviados por los británicos a través del Atlántico creció de forma constante. Sin embargo, hubo algunos periodos notables de expansiones más concentradas, así como algunos puntos de caída. El primer periodo notable de crecimiento del comercio de esclavos inglés fue a principios del siglo XVIII, cuando los ingleses alcanzaron un promedio anual de entre 12.000 y 14.000 africanos traficados. Esta expansión siguió aumentando hasta la década de 1740. La guerra con Francia redujo temporalmente el comercio británico de seres humanos, que disminuyó entre un 20 y un 25 por ciento. Sin embargo, el aumento del volumen siguió creciendo después del conflicto y durante la década de 1750. La guerra de los Siete Años ralentizó este crecimiento, aunque no se produjo un descenso significativo, y continuó expandiéndose, alcanzando una tasa anual de unos 27.000 en 1763.

El comercio de esclavos inglés alcanzó un nuevo máximo a principios de la década de 1770, pero la guerra de la Independencia estadounidense provocó otro gran descenso. Casi todo el comercio con el continente americano se detuvo, mientras que los británicos perdieron más del 50% de su volumen de esclavos transportados. No obstante, el comercio de esclavos británico se recuperó rápidamente. En la década de 1790, había alcanzado un máximo de casi 40.000 esclavos en un solo año. De hecho, desde 1780 hasta la prohibición del comercio de esclavos, los ingleses traficaron con casi un millón de africanos. Para poner esto en perspectiva, en 1801 toda Gran Bretaña tenía una población de unos 10,5 millones de personas. También cabe señalar que entre 1791 y 1807, los ingleses representaron alrededor del 52% de todo el volumen del comercio transatlántico de esclavos. Junto a la reactivación del comercio de esclavos británico, los comerciantes establecidos en los recién creados Estados Unidos también retomaron rápidamente el negocio. Según algunas estimaciones, en el periodo transcurrido desde su independencia en 1783 hasta la promulgación de la prohibición del comercio de esclavos en 1808, los comerciantes estadounidenses llevaron al continente americano a unos 150.000 africanos.

Sin embargo, solo unos 60.000 de ellos fueron llevados a Estados Unidos. Esto se debió en parte a que varios estados prohibieron la importación de personas esclavizadas, aunque no prohibieron el comercio de esclavos en general. Con todo, los comerciantes estadounidenses encontraron otros mercados para las personas esclavizadas que traían de África. El más importante era Cuba, pero también enviaban a otras colonias españolas. Otros mercados que abastecían eran Martinica y Guadalupe, aprovechando ocasionalmente las guerras entre franceses y británicos. Con ello, el comercio de esclavos estadounidense pasó a ser el tercero en cuanto a volumen en los primeros años del siglo XIX. La media era de un 14% de todo el comercio, solo por detrás de los británicos y los portugueses. Sin embargo, a pesar de su independencia oficial, los traficantes de esclavos estadounidenses formaban parte, en gran medida, de la red inglesa, ya que muchos de ellos navegaban bajo bandera británica. Siguieron trabajando de acuerdo con el esquema general del comercio de esclavos inglés. Por estas razones, así como por el hecho de que el comercio de esclavos independiente de Estados Unidos duró menos de tres décadas, su contribución se sumará al comercio de esclavos inglés en el cálculo final.

*Una pintura de los traficantes de esclavos del siglo XIX en el sur de Estados Unidos. Fuente: https://commons.wikimedia.org*

Por último, está la cuestión de dónde acabaron la mayoría de los esclavos traficados por los ingleses. En este aspecto, Jamaica estaba muy por delante de cualquier otra colonia británica, ya que acogió a cerca del 39% de todas las personas esclavizadas importadas por los ingleses, lo que equivale a unas 928.000 personas en el lapso de algo más de un siglo. Le seguía de cerca Barbados, donde fueron a parar unas 311.000 personas esclavizadas. La cifra acumulada de todo Estados Unidos, incluyendo el periodo de las Trece Colonias, es de unas 368.000 personas. De ellos, los importadores más notables fueron las Carolinas y Georgia, que en conjunto acogieron a más de 200.000 esclavos. Otras colonias del Caribe, junto con la Guayana Francesa, llegaron a más de 750.000, lo que eleva el total de la trata de esclavos inglesa del siglo XVIII a la friolera de 2,38 millones, superando incluso a los portugueses. Sin embargo, es fundamental tener en cuenta que, en el mismo periodo, los comerciantes británicos llevaron más de 2,65 millones de esclavos a América. La diferencia entre ambas cifras representa la cantidad de personas esclavizadas que fueron vendidas a otras naciones, sobre todo a la Cuba española.

Si se suman los dos siglos de la trata de esclavos inglesa, el gran total de seres humanos importados alcanza algo más de 2,7 millones. Eso supondría alrededor del 27% del total del comercio transatlántico de esclavos. Sin embargo, si contabilizamos el número de personas esclavizadas que transportaron los mercaderes británicos y estadounidenses, la cifra se reduce a algo menos de tres millones de personas, alcanzando casi el 30 por ciento del volumen del comercio de esclavos en el Atlántico. Los británicos solo están por detrás de los portugueses en cuanto a cifras. Con todo, una diferencia significativa es que la mayor parte del comercio inglés se llevó a cabo en poco más de un siglo. Los portugueses fueron pioneros del comercio de esclavos desde finales del siglo XV, mientras que los brasileños siguieron importando esclavos africanos hasta finales del siglo XIX. Así pues, parece probable que, de no haber sido por la compasión moral de algunos pensadores y políticos, Gran Bretaña habría acabado por encabezar esta infame jerarquía.

Por suerte, el gran aprecio por la esclavitud entre las principales naciones esclavistas europeas se deterioró, sobre todo porque el número de seres humanos transportados por la fuerza desde África a América creció rápidamente. Así, en 1807, Inglaterra había prohibido el comercio de esclavos, seguida por Estados Unidos en 1808. Sin embargo, el comercio transatlántico de esclavos persistió durante todo el siglo XIX antes de que finalmente se extinguiera, poniendo fin a una de las partes más vergonzosas de la historia de la humanidad.

# Capítulo 5 – Participación Africana

En la mayoría de los casos, cuando se habla de la trata transatlántica de esclavos, la atención se centra en los comerciantes europeos y su papel en el comercio. Aunque su participación fue realmente decisiva para el desarrollo de la trata de esclavos, no debe pasarse por alto la participación de varias tribus y naciones africanas, ni el efecto de la trata en su población e historia.

Antes de profundizar en cómo y por qué los africanos participaron en la trata de esclavos, hay que señalar algunos puntos importantes. En primer lugar, las naciones que se extendían por la costa occidental de África cuando llegaron los europeos no eran tribus salvajes y subdesarrolladas más cercanas a la prehistoria que a las civilizaciones desarrolladas. Cualquier descripción de este tipo es producto del racismo o un intento de justificar las atrocidades de los europeos. Algo similar puede decirse de cómo se vio a los pueblos indígenas de las Américas durante mucho tiempo. En ambos casos, los colonos europeos encontraron a menudo naciones y culturas desarrolladas. En el caso de África, la mayoría de los estados y sociedades que los europeos, más concretamente los portugueses, con las cuales hicieron contacto estaban en un nivel de desarrollo similar al de cualquier reino del "Viejo Continente". También tenían reinos e imperios desarrollados, como veremos en este capítulo. Así, la civilización no fue llevada a África ni a las Américas por los europeos.

El segundo punto destacable es el hecho de que, culturalmente hablando, las naciones y sociedades de África son variadas. Con demasiada frecuencia se habla de todas ellas como si fueran una sola, lo cual es adecuado desde el punto de vista de la simplificación. Sin embargo, sería un error pensar que las sociedades de Senegal y Angola, por ejemplo, eran iguales. Puede que tuvieran algunas similitudes o compartieran rasgos, pero también diferían en muchos aspectos como resultado de diferentes desarrollos históricos. Además, es importante recordar que, a pesar de que se le suele etiquetar como un solo lugar, el continente africano es enorme. En perspectiva, la distancia entre Senegal y Angola es aproximadamente la longitud del continente europeo, desde España hasta los Urales en Rusia. En comparación, África es tres veces más grande que Europa, y es el segundo continente más grande del planeta.

Por último, cabe señalar que las naciones y sociedades de África Occidental no estaban aisladas del resto del mundo antes de la llegada de los portugueses y otros comerciantes y colonizadores europeos. Hay menciones de caravanas comerciales que atravesaban el desierto del Sahara desde las ciudades romanas del norte de África. Además, numerosas naciones africanas mantenían un comercio bastante animado con el mundo islámico. Algunos africanos incluso abrazaron el islam, como, por ejemplo, en los imperios de Malí o Songhai. Estas dos naciones, que dominaban el Sahel occidental, región situada entre el Sáhara al norte y la sabana sudanesa al sur, formaban parte del mundo mediterráneo. El cambio que supuso la llegada de los mercaderes navales europeos solo les abrió una nueva ruta comercial, aunque con capacidad para desarrollar un comercio mucho más amplio.

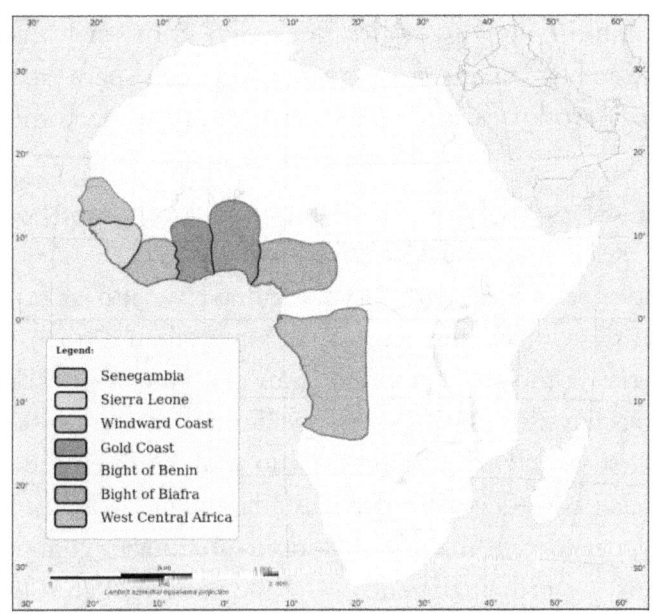

*Mapa de las principales regiones de tráfico de esclavos en África Occidental.*
*Fuente: https://commons.wikimedia.org*

Los europeos no trajeron la idea de la esclavitud a la costa occidental africana. Diversas fuentes y pruebas arqueológicas señalan que la esclavitud existía en esta región desde la antigüedad. Sin embargo, su alcance y forma no eran iguales en toda la costa occidental de África. Por ejemplo, la mayoría de las naciones y tribus más pequeñas desde el actual Senegal hasta Costa de Marfil solían practicar la esclavitud, pero a menor escala. La mayoría de los esclavizados eran sirvientes domésticos, que a menudo trabajaban junto a sus amos. Incluso había algunas tribus, como los efulalu o los jola en la región de Senegambia, que no practicaban la esclavitud en absoluto. En cambio, la mayoría de los estados más grandes y organizados, como los Imperios Songhai y Congo, ejercían la esclavitud a una escala mucho mayor. Otra región que practicaba la esclavitud con mayor intensidad era la Costa de Oro, aunque no era una región ocupada por grandes estados o imperios. Las regiones y estados africanos que practicaban la esclavitud de forma más significativa lo hacían a menudo debido al comercio, ya que todos ellos eran importantes eslabones de la red comercial africana. Por tanto, necesitaban una mayor mano de obra para mantener la producción, pero los esclavos también eran objeto de comercio entre naciones.

El comercio de esclavos era a veces más localizado; por ejemplo, algunas de las tribus senegalesas vendían sus esclavos a la Costa de Oro, donde se utilizaban en la minería y otros procesos de producción de oro. En otros casos, se exportaban a través de lo que se conocería como el comercio transahariano de esclavos. Los esclavos eran llevados desde África occidental hasta el norte de África, y desde allí se dirigían a Oriente Medio o al Mediterráneo. Algunos relatos de este comercio se remontan a la antigüedad y a los antiguos romanos y griegos. A finales del periodo medieval, cuando llegaron los europeos, los principales socios de este comercio eran los árabes y otras naciones musulmanas. Sin embargo, el volumen del comercio de esclavos en aquella época era bastante limitado y no era un motor económico primordial. Ese lugar estaba reservado para el oro, que era buscado por todas las civilizaciones. Como se ha mencionado en capítulos anteriores, los portugueses estaban inicialmente interesados sobre todo en la adquisición de ese metal precioso. A cambio, traían ropa teñida y lingotes y brazaletes de cobre, todo lo cual los comerciantes africanos ya obtenían de sus socios comerciales musulmanes. La principal diferencia era que los europeos podían tanto vender como comprar más productos, ya que llegaban con grandes barcos.

A pesar de ello, en las primeras etapas del comercio transatlántico de esclavos, los árabes musulmanes siguieron siendo el principal socio comercial de las naciones africanas costeras. De hecho, algunas estimaciones modernas los sitúan por encima de los europeos en términos de exportación de oro durante todo este periodo. Aquí es vital recordar que los esclavos no fueron considerados como la principal mercancía comercial entre los europeos y los africanos hasta finales del siglo XVII y principios del XVIII. Esto puede ilustrarse con dos hechos. Uno es que, hasta el siglo XVII, el comercio transatlántico de esclavos representaba solo un 25% de las exportaciones de esclavos africanos. Esto cambió durante el siglo XVII, cuando los europeos se convirtieron en los principales exportadores de seres humanos de África. Incluso entonces, las personas esclavizadas aún no se habían convertido en la exportación más valiosa. No fue hasta principios del siglo XVIII que tanto el volumen como el precio global empujaron al comercio de esclavos a la cima de la jerarquía económica en África Occidental, superando a productos como el oro, el marfil, la pimienta y el caucho. Esto puede relacionarse con la explosión de la producción de azúcar en América y la creciente demanda de mano de obra.

Una diferencia importante entre África Occidental y América es la falta de intentos de colonización por parte de los europeos. En los primeros tiempos de los descubrimientos europeos, los portugueses realizaron varios intentos a pequeña escala para asumir el control de partes de África continental, aunque en su mayoría no tuvieron éxito. También intentaron convertir a algunas de las naciones, ya que la religión fue una motivación temprana, especialmente en el contexto de la competencia con el islam. También fracasaron en gran medida. Incluso cuando tuvieron éxito al principio, como en el caso de Congo, donde entronizaron a un gobernante cristianizado en 1506, la población local volvió rápidamente a sus creencias tradicionales. El único efecto duradero de estos intentos fue la formación de una clase mestiza de comerciantes, que constituyó un importante vínculo entre los europeos y las poblaciones locales de la costa africana. Sin embargo, esto no fue intencional, y aunque estos comerciantes adoptaron el cristianismo y la cultura europea y se identificaron con su origen europeo, se negaron a obedecer la soberanía de los estados europeos. Esta clase mestiza fue más notable en las relaciones afro-portuguesas, mientras que los ingleses y franceses las desarrollaron en mucha menor medida.

En cualquier caso, la colonización directa de África fracasó en sus esfuerzos iniciales. El clima y el entorno resultaron inadecuados para los europeos, ya que la malaria y la fiebre amarilla causaron estragos entre ellos. Esto significaba que mantener una fuerza lo suficientemente grande como para preservar el control sobre las tierras conquistadas era demasiado costoso. Además, las tecnologías y las tácticas se extendieron rápidamente por el continente africano, tanto a través de los contactos europeos como de los árabes. Así, a pesar de no poder igualar la supremacía naval europea, en los primeros tiempos del comercio de esclavos en el Atlántico, el poderío militar africano estaba a la altura de los europeos. Utilizaban eficazmente tanto las armas de fuego como la caballería, lo que dificultaba cualquier conquista notable. Los africanos también difieren mucho de los indígenas americanos en este aspecto, ya que estos no tuvieron tiempo suficiente para adoptar estas tecnologías. Por último, un factor adicional fue que las naciones africanas en general se mostraron bastante hostiles a cualquier intervención o misionero extranjero. Esto por sí solo no sería suficiente, pero los otros dos factores principales ayudaron a evitar cualquier esfuerzo significativo de colonización europea durante algún tiempo.

El resultado final fue que los avances militares y las conquistas solían ser efímeros. El mejor ejemplo fue el de los intentos portugueses en la región de la actual Angola a principios del siglo XVI. Por supuesto, esto no impidió que los europeos se entrometieran en los conflictos locales, pero en general, la naturaleza de las relaciones afro-europeas era de paz y respeto. Los europeos aceptaron la autonomía religiosa y política africana, al menos por el momento. Solo en el siglo XIX, cuando las naciones europeas industrializadas se volvieron más fuertes y los empobrecidos estados africanos más débiles, se produjo la colonización, durante la cual las sociedades africanas fueron remodeladas. Otra cosa que la colonización europea trajo a África fue la abolición de la esclavitud. Este hecho es bastante irónico si se tiene en cuenta lo que ocurrió durante la trata transatlántica de esclavos y el papel que los europeos tuvieron en ella.

Como ya se ha mencionado, el comercio de esclavos fue inicialmente en gran medida voluntario por ambas partes. Una cantidad limitada de personas se intercambiaba entre comerciantes africanos y europeos. Esto significaba que las personas esclavizadas con las que se comerciaba para los europeos podían obtenerse de fuentes tradicionales, ya fueran delincuentes locales o cautivos tomados durante incursiones o conflictos mayores. Asimismo, en esos primeros periodos, los europeos no podían obligar a los grupos o estados locales a participar en el comercio de esclavos si no lo deseaban. La única acción proactiva que podían hacer los europeos era formar puestos de comercio y rutas de caravanas, así como llevar cantidades sustanciales de bienes que sus socios comerciales deseaban, creando un impulso económico entre los comerciantes y gobernantes africanos. Así, a lo largo de la mayor parte del comercio transatlántico de esclavos, hubo variaciones en la forma y el lugar de captura de las personas esclavizadas.

*Pinturas que representan a africanos capturando esclavos (arriba) y a comerciantes de esclavos europeos y africanos negociando (abajo). Fuente: https://commons.wikimedia.org*

Esta fluctuación del comercio de esclavos fue causada por numerosos cambios económicos y políticos en los estados africanos. Sin embargo, lo más notable en estas variaciones fueron las guerras. Antes del rápido aumento de la demanda de mano de obra esclava en las colonias americanas, la mayoría de estos conflictos en el continente africano fueron causados por luchas políticas, económicas o religiosas preexistentes. Aunque los europeos estaban implicados en algunos de ellos, rara vez los provocaban. Incluso su participación activa en las guerras fue, en el mejor de los casos, ocasional y de alcance limitado. Dado que las guerras fueron la mayor fuente de obtención de personas esclavizadas, también explican gran parte de la fluctuación esporádica de las exportaciones humanas a lo largo de la duración del comercio de esclavos en el Atlántico, independientemente del aumento o la disminución de la demanda de esclavos por parte de los europeos. Algunos de los mejores ejemplos se encuentran en la Costa de Oro, que fue más importadora que exportadora de esclavos hasta la década de 1680, con la escalada de las guerras locales de los asantes. Una evolución similar puede observarse en la región de Senegambia, que tuvo una explosión de exportaciones de personas esclavizadas durante las guerras religiosas islámicas locales entre 1720 y 1740, antes de volver a su papel menor en el comercio de esclavos.

Los europeos, gracias a su comercio basado en la marina, pudieron aprovechar rápidamente el panorama siempre cambiante de la trata de esclavos en África. Sin embargo, es fundamental señalar que, en algunos casos, algunas naciones africanas vieron en el comercio de esclavos una posible fuente constante de ingresos. Probablemente el mejor ejemplo de ello sea el Reino del Congo. Antes de la llegada de los portugueses, esta región solo veía una esclavitud local limitada, pero rápidamente organizó el comercio de esclavos como una forma de mantener el comercio con los europeos. Su población, liderada por las élites, desarrolló el raid sistemático como fuente principal de captura de personas esclavizadas. Por ello, la exportación de esclavos fue la principal rama de la economía del

Congo hasta el siglo XIX. El flujo constante de seres humanos esclavizados procedentes del Reino del Congo es también otra de las razones por las que el África centro-occidental siguió siendo la mayor región exportadora en el comercio transatlántico de esclavos. Una progresión similar puede observarse en el Reino de Dahomey, el actual Benín, cuya economía también estaba bastante centrada en el comercio de esclavos.

A pesar de ello, hubo algunas naciones africanas que se opusieron a ciertos aspectos de la trata de esclavos. Un ejemplo sería el Reino de Benín, situado en la actual Nigeria, que no debe confundirse con el actual Benín que lleva el nombre de la bahía. En 1519, la élite gobernante prohibió la venta de sus propios ciudadanos varones, al tiempo que se resistió a participar en el comercio de esclavos a gran escala durante mucho tiempo. Esto es sorprendente, ya que la esclavitud se practicaba habitualmente en el Reino de Benín. Su postura cambió con el tiempo, ya que el comercio de esclavos se convirtió en la principal fuerza económica de la región, lo que hizo que el Reino de Benín se convirtiera finalmente en un miembro activo de las exportaciones de esclavos, aunque lo hiciera a una escala mucho menor que otros. Este hecho también ejemplifica la segunda característica de cómo se desarrolló el comercio de esclavos en la costa africana. A pesar de no tener la capacidad de forzar militarmente el comercio de esclavos en las sociedades africanas, los europeos utilizaron la presión económica para abrir nuevos mercados para la adquisición de personas esclavizadas.

La intencionalidad de esta presión es discutible. Por un lado, la demanda estadounidense aumentó la cantidad que los plantadores y, a su vez, los comerciantes estaban dispuestos a pagar por un solo ser humano. Por otro lado, la demanda de otros productos y recursos africanos disminuyó, ya que los comerciantes podían ganar mucho más vendiendo esclavos. Estos procesos son universales y forman parte de las leyes económicas de la oferta y la demanda. Sin embargo, no es difícil imaginar que determinados comerciantes hicieron todo lo que pudieron para conseguir más de este valioso producto ejerciendo presión sobre sus homólogos africanos. Pudieron simplemente hacer mejores ofertas o sobornos, amenazarles política o incluso militarmente, o inmiscuirse en la política local. La prueba de tales prácticas puede verse en los debates políticos sobre la abolición en la Gran Bretaña de principios del siglo XIX. Uno de los argumentos que se esgrimieron fue que las naciones africanas comenzaron a librar guerras, estimuladas y alentadas por los europeos, con el único fin de esclavizar a la gente. Por ello, a partir de mediados del siglo XVIII, las guerras de esclavitud a gran escala se hicieron más comunes entre las naciones africanas, sustituyendo a las pequeñas incursiones militares de los siglos anteriores.

Hasta ahora, la participación africana se ha descrito de forma general, pero, como se ha mencionado, hubo muchas variaciones y diferentes etapas de evolución en la trata de esclavos a lo largo del tiempo. Todo comenzó cuando los portugueses navegaron hacia la región de Senegambia, poblando Cabo Verde y las orillas del río Gambia. La mayoría de estas comunidades se convirtieron rápidamente en las clases mixtas afro-portuguesas, ya que las altas tasas de mortalidad afectaban a los europeos. Aunque la región estaba monopolizada por los portugueses, estos comerciaban principalmente con el oro procedente de las minas de Bambuque, situadas en el interior de Senegal. También se interesaban por otras mercancías exóticas, como las pieles del ganado de la sabana y otros productos locales. El comercio de esclavos también creció rápidamente, ya que los dominios atlánticos portugueses necesitaban mano de obra, y los esclavizados procedían de la región costera de Senegambia y de las sabanas del interior en torno al Alto Níger. A la llegada de los portugueses, el famoso Imperio de Malí había quedado destrozado, dejando varios estados más pequeños, sobre todo Jolof (o Wolof) en la costa senegalesa. En el interior, el Imperio Songhai comenzó su ascenso a mediados del siglo XV, ocupando la mayor parte del territorio maliense y su lugar en el comercio con el norte islámico.

Sin embargo, este único gran imperio africano fue derrocado por los marroquíes en la década de 1590, dejando tras de sí una miríada de estados más pequeños en el interior. Esto fue importante para el desarrollo de la trata de esclavos, ya que este vacío de poder entre los estados sucesores proporcionó más cautivos para ser vendidos a los europeos. Para entonces, a finales del siglo XVI y principios del XVII, los ingleses y los franceses habían comenzado a comerciar en la región. Los primeros se instalaron en la isla Kunta Kinteh (anteriormente llamada isla Jacobo o James), en el río Gambia, y los segundos fundaron Saint Louis, en el río Senegal. Para entonces, los afro-portugueses, a pesar de reivindicar ser únicamente portugueses, renunciaron al control de su supuesta madre patria y comerciaron libremente con los competidores portugueses. En el lado africano, su socio comercial más notable era el pueblo Jahaanke (Diakhanke) del interior del Alto Níger. Llevaban marfil, hierro, tejidos de algodón, nueces de cola y esclavos a las regiones costeras, utilizando principalmente los ríos para navegar. A cambio, adquirían diversos productos europeos, así como textiles acabados y sal marina de la población costera local.

Con todo, hasta el siglo XVIII, las personas esclavizadas eran solo un aspecto menor del comercio en la región. Como la mayoría eran subproductos de las guerras locales, el suministro era inestable y la demanda europea de ellos también era limitada. Esto cambió con la revolución del azúcar a finales del siglo XVII y aún más con la escalada de guerras entre los estados islámicos de la región. Estos conflictos se intensificaron entre 1720 y 1740, así como en las dos últimas décadas del siglo. Estas guerras eran comúnmente guerras religiosas, o yihads, que solían estar dirigidas por tribus y estados clericales fulani contra naciones islámicas más laicas. Estas guerras iban acompañadas de guerras civiles y otros conflictos. Así, en el siglo XVIII, se exportaron unos 360.000 esclavos desde la región de Senegambia, lo que supuso aproximadamente el 50% de su participación global en el comercio transatlántico de esclavos. El comercio de seres humanos continuó en el siglo XIX, aunque el volumen se redujo a menos de un tercio del siglo anterior. En total, unas 755.000 personas fueron enviadas a América desde Senegambia, lo que constituyó alrededor del 6% de todo el comercio de esclavos del Atlántico.

Más al sur de Senegambia se encuentra la Alta Guinea, una región que abarca las actuales Guinea-Bissau, Guinea y Sierra Leona. Esta era una zona de selva tropical, salpicada de estados aún más pequeños y, en algunos casos, incluso de comunidades sin estado. Estas sociedades estaban mucho menos involucradas en el comercio internacional, por lo que no estaban tan influenciadas por el islam. Y lo que es más importante, tenían un concepto menos evolucionado de la esclavitud; en algunos casos, la gente ni siquiera la practicaba. Los comerciantes locales ofrecían principalmente nueces de cola, cera de abeja, madera de camello, marfil y pequeñas cantidades de oro. Los primeros comerciantes portugueses estaban bastante interesados en ellos, sobre todo porque el comercio de esclavos era casi inexistente. Sin embargo, a mediados del siglo XVI se produjo un pequeño cambio con la invasión de los manes del oeste de Sudán. Hubo un breve aumento de cautivos para la exportación, pero la región seguía estando en gran medida fuera de la red de comercio de esclavos.

*Un mapa del siglo XVIII que representa la región entre Senegal y Benín. Fuente: https://commons.wikimedia.org*

A pesar de que los primeros contactos se produjeron a mediados del siglo XV, los portugueses no establecieron su primer puesto comercial en esta región hasta 1588. Se llamaba Cacheu y estaba situado en el río del mismo nombre, en lo que hoy es la costa de Guinea-Bissau. Un siglo más tarde, fundaron el Fuerte Bissau, más al sur. Para entonces, los holandeses, los franceses y los ingleses habían comenzado a comerciar en la región. Los holandeses nunca consiguieron mantener el fuerte comercial durante un periodo prolongado, y en el siglo XVIII los franceses se habían establecido en una isla del río Gambia, mientras que los ingleses se instalaron en la isla de Bounce, ambas situadas en el estuario del río Sierra Leona. En esa época, la Alta Guinea se vio más implicada en el comercio de esclavos, ya que numerosos cautivos de las guerras islámicas del interior acabaron en sus manos y luego fueron vendidos a los europeos. Así, la región pasó de unos pocos miles de esclavos exportados en el siglo XVII a más de 200.000 a lo largo del siglo XVIII, con un número considerable de ellos vendidos hasta mediados del siglo XIX.

Al sureste de la Alta Guinea se encontraba una región que abarcaba las actuales Liberia y Costa de Marfil. A lo largo de la época colonial, esta zona tuvo varios nombres, como Costa de Barlovento, Costa de la Pimienta o del Grano y Costa de Marfil. Los dos últimos nombres también responden a lo que exportaba la población local, que estaba dividida en varios estados más pequeños. Lo que diferencia a esta región de otras es el hecho de que la región costera ofrecía pocas playas de desembarco o puertos decentes, lo que dificultaba un poco el comercio. Por ello, la presencia europea en esta zona era limitada. A principios del siglo XVII, los holandeses intentaron establecer un puesto comercial en lo que hoy es Liberia, pero duró poco. Los ingleses volvieron a la región en la década de 1660, sobre todo en busca de pimienta. Más al este, en lo que hoy es Costa de Marfil, los franceses establecieron una misión en Assinie, en una región fronteriza con Costa de Oro. Pero incluso con estos puestos, el comercio era escaso, sobre todo porque a principios del siglo XVIII las manadas de elefantes locales se habían agotado y los europeos habían perdido su interés por la pimienta.

Al igual que en la Alta Guinea, la participación de la costa de Barlovento en la trata de esclavos fue mínima durante la mayor parte del comercio transatlántico de esclavos hasta que estallaron las guerras islámicas en el interior. Durante el siglo XVIII, unos 289.000 esclavos fueron transportados a la costa de Barlovento y vendidos a los europeos. A finales de siglo, la participación local en el comercio de esclavos volvió a ser marginal. Esta zona tenía acceso a un número tan importante de esclavos porque estaba mejor integrada en las redes de caravanas interiores norte-sur. Sin embargo, antes y después de este breve estallido del comercio de esclavos, la actividad de la costa de Barlovento en este ámbito era insignificante. Así, incluso combinadas, la Alta Guinea y la costa de Barlovento vendían menos esclavos que la Senegambia. Estas dos regiones exportaron unos 724.000 seres humanos, lo que supone menos del 6% del volumen total del comercio de esclavos en el Atlántico.

La costa de África Occidental se extiende hacia el este desde costa de Marfil hasta la región de la Costa de Oro (la actual Ghana). En esta parte de la costa occidental africana, las sabanas sustituyen a los bosques tropicales. Cuando llegaron los portugueses en el siglo XV, la región estaba dividida en varias naciones más pequeñas, pobladas principalmente por el pueblo akan. Incluso antes de su contacto con los europeos, estos estados ya tenían economías bastante avanzadas, que se basaban en la extracción de oro y el comercio. Por ello, esta región resultó inmediatamente atractiva para los comerciantes europeos, ya que su recurso más codiciado en aquella época era el oro. Además, la Costa de Oro estaba salpicada de puertos y playas de desembarco adecuados. Así, los europeos no tardaron en construir aquí sus puestos comerciales. El primero y probablemente el más notable fue Elmina, construido por los portugueses en 1482. En el siglo XVIII, había más de treinta fuertes en la región, pertenecientes no solo a las principales naciones dedicadas al comercio de esclavos, sino también a los suecos, los daneses e incluso los alemanes.

Estos fuertes, a diferencia de la mayoría de los puestos comerciales europeos de la costa occidental africana, eran posiciones debidamente fortificadas con defensas de piedra. Con ello se pretendía proteger tanto el preciado cargamento de oro como el control de estos lugares de importancia estratégica. Tampoco fue en vano, ya que durante décadas se libraron numerosas guerras locales entre los europeos por el control de estos lugares. Como resultado de ellas, los fuertes cambiaron de manos varias veces; por ejemplo, Elmina fue conquistada por los holandeses en la década de 1630, y posteriormente la tomaron los británicos a finales del siglo XVIII. El oro siguió siendo el principal, si no el único, recurso comercializado en esta región hasta la década de 1680. Hasta ese momento, solo existía la exportación esporádica de esclavos, y durante algunos periodos, el pueblo akan llegó a comprar esclavos para que trabajaran en sus minas. Después estallaron una serie de guerras entre los estados akan, que condujeron a la formación del Imperio Ashanti. A principios del siglo XVIII, este llegó a controlar la mayor parte de la Costa de Oro.

Estas guerras empezaron a producir importantes cantidades de cautivos, que los comerciantes europeos compraban con gusto a los ashanti. Al mismo tiempo, la producción de oro comenzó a disminuir, probablemente a causa de las guerras, lo que añadió un nuevo incentivo económico para que los akanes participaran en el comercio de esclavos. Durante el siglo XVIII, algunos de los comerciantes ashanti incluso empezaron a comprar gente del interior, actuando como intermediarios en el comercio de esclavos con los europeos. En cuanto a la naturaleza de las guerras entre el pueblo akan, parece que fueron alimentadas principalmente por la lucha por la expansión y el dominio político. Sin embargo, algunos académicos modernos piensan que, especialmente en el período posterior, la adquisición de cautivos puede haberse convertido en un motivador más crucial. En cualquier caso, como en casi todas las demás regiones de la costa occidental africana, el comercio de seres humanos se convirtió en un campo económico primordial. En total, se exportaron cerca de 1,2 millones de personas desde esta región, y casi el 90% de esa cifra se consiguió solo en el siglo XVIII. Con esas cifras, la Costa de Oro representa cerca del 10 por ciento del volumen total del comercio transatlántico de esclavos.

La Costa de Oro fue también una de las primeras regiones que adoptó los cultivos americanos. Los cultivos alimentarios como el maíz y la mandioca fueron traídos en las primeras fases del comercio transatlántico de esclavos. Ambas plantas lograron revolucionar la producción de alimentos, de forma similar a los efectos de la patata en Europa, ya que sostenían una población mucho más densa, sobre todo en los últimos periodos. El maíz era adecuado para las sabanas, mientras que la mandioca desempeñaba un papel crucial en las selvas tropicales, dando una agricultura forestal más estable a la región. También se trajeron otras plantas, sobre todo tabaco, cacao y cacahuetes. Al desaparecer el comercio de esclavos, estas plantas sustituyeron a los seres humanos como una de las principales exportaciones de la costa africana.

Más al este de la Costa de Oro estaba la bahía de Benín. La costa de los Esclavos, como también se la llamaba, se extendía por los actuales Togo, Benín y Nigeria occidental hasta el delta del río Níger. La región estaba dominada por tres estados desarrollados: los reinos de Dahomey y Benín y el Imperio Oyo, este último situado algo más en el interior. Todas estas naciones estaban bien conectadas con las rutas comerciales de las caravanas del interior y con una larga tradición estatal. Se trataba de una región con fuertes contradicciones en cuanto a su enfoque del comercio de esclavos. Mientras que el Reino de Benín lo evitó hasta el siglo XVIII, en Dahomey el comercio de esclavos se convirtió en un importante pilar de la economía. Este último tuvo tanto éxito que su puerto de Ouidah (Whydah) se convirtió en uno de los puertos esclavistas más importantes de toda la costa occidental africana. También es importante señalar que el comercio de esclavos fue un monopolio real en el Reino de Dahomey en un momento dado.

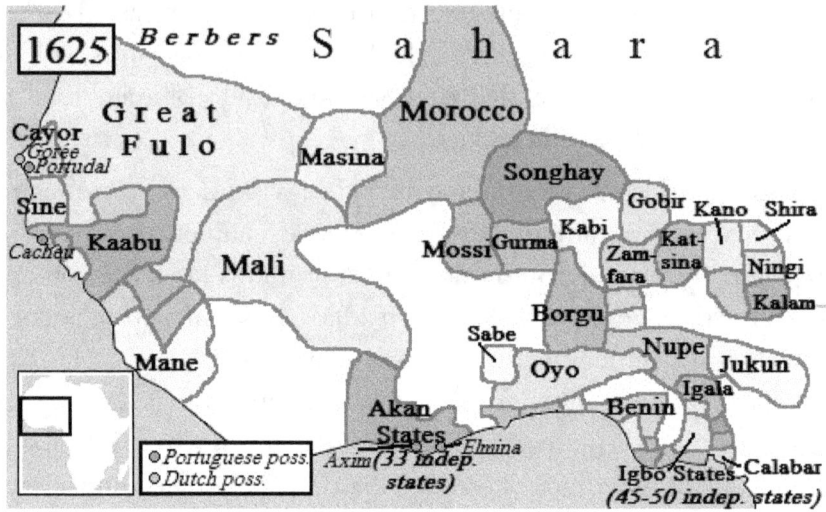

*Mapa de los estados africanos a principios del siglo XVII.*
*Fuente: https://commons.wikimedia.org*

Los portugueses llegaron a la bahía de Benín a finales del siglo XV, iniciando casi inmediatamente el comercio con la población local. Sin embargo, en aquella época, su alcance era reducido y no estaba orientado al comercio de esclavos. Eso cambió en el siglo XVII, cuando los europeos lograron una presencia más sustancial en la región, con todas las principales naciones dedicadas al comercio de esclavos activas en la zona. A pesar de tener sus propios puertos y fábricas de comercio, los puestos comerciales más notables siguieron en manos de los estados africanos. Los europeos acudían allí, normalmente respetando las costumbres locales y pagando impuestos, para adquirir esclavos. Aunque el principal bien comercial era el ser humano, el Reino de Benín, al igual que otros estados de la región, tenía otros recursos para exportar, sobre todo marfil, aceite de palma y pimienta.

El dominio de Dahomey en el comercio local de esclavos fue interrumpido por el Imperio Oyo en la década de 1730. Tras una breve guerra, Dahomey se convirtió en un estado tributario, mientras que el Imperio Oyo llegó a la costa. También se involucró profundamente en el comercio de esclavos, centrándolo en el puerto ahora conocido como Porto-Novo. Al igual que en otras regiones, estos conflictos más notables propiciaron un aumento de la oferta de personas esclavizadas, como demuestra el incremento de las exportaciones durante las guerras civiles de Oyo a finales del siglo XVIII. Sin embargo, parece que las guerras no eran la principal fuente de esclavos. Al tener un suministro constante y prolongado de esclavos, debieron de producirse incursiones fronterizas, prácticas judiciales y religiosas locales y comercio con los mercados interiores. También se le atribuyen prácticas políticas, ya que hay registros de que el Imperio Oyo exigía esclavos como parte de los tributos de los pueblos subyugados. La cuenca de Benín vendió unos dos millones de esclavos. Solo en el siglo XVIII se comercializaron cerca de 1,3 millones. La cuenca de Benín siguió participando en el comercio de esclavos hasta bien entrado el siglo XIX, lo que convirtió a esta región en el segundo proveedor de personas esclavizadas.

Al este del Delta del Níger, y extendiéndose también hacia el sur, se encuentra la bahía de Biafra. En la actualidad, también se conoce como la bahía de Bonny, la cual se extiende por el actual este de Nigeria, Camerún, Guinea Ecuatorial y Gabón. Esta región había desarrollado asentamientos urbanos y redes comerciales antes de la llegada de los europeos. Los pueblos locales Igbo, Ibibio y Efik utilizaban los ríos, sobre todo el Níger y el Cross, para facilitar el comercio con el interior y a lo largo de la costa. A pesar de ello, sus sistemas de gobierno seguían siendo pequeños, ya que en su mayoría eran ciudades-estado centradas en los puertos costeros. Las más notables eran Bonny, Viejo Calabar y Nuevo Calabar. Eran los centros del comercio local y también desempeñaban un papel crucial en los contactos con los europeos. Al igual que en la bahía de Benín, estos importantes centros comerciales permanecieron bajo control africano, y los europeos los visitaban desde sus puestos comerciales locales.

A pesar de que los portugueses fueron los primeros en llegar, los británicos desempeñaron el papel más activo en el comercio de la región. Al principio, la región comerciaba sobre todo con productos de aceite de palma y marfil, antes de pasar al comercio de esclavos hacia mediados del siglo XVII. No obstante, parece que la exportación de personas esclavizadas de esta región se basaba más en el comercio pacífico que en las guerras. Sus mercaderes, sobre todo los de las tribus igbo, viajaban hacia el interior para recoger esclavos y venderlos a los europeos. En el punto álgido del comercio de esclavos, en el siglo XVIII, exportaron unos 900.000 seres humanos. Alrededor del 90% de este comercio se produjo en los tres puertos mencionados anteriormente, y los británicos fueron responsables por cerca de dos tercios de todo el comercio de esclavos de la región. En total, se exportaron alrededor de 1,6 millones de personas esclavizadas desde esta región, con una actividad de comercio de esclavos que se remonta al menos a la década de 1830. Las dos bahías juntas representaban alrededor del 28% de todo el volumen del comercio transatlántico de esclavos.

Siguiendo hacia el sur desde la bahía de Biafra, se encuentra el África occidental y central, que abarca la actual República Democrática del Congo, la República del Congo y Angola. Esta región estaba bien desarrollada antes de la llegada de los europeos, con importantes industrias de extracción de cobre y rutas comerciales. Toda la cuenca del Congo compartía una cultura común y un mercado unificado, pero estaba dividida en varios grandes reinos. Al norte del Delta del Congo se encontraba el Reino de Loango, mientras que al sur estaba el Reino de Congo. En su interior intermedio se encontraba el Reino de Tyo, mientras que más al interior, entre el río Zambeze y el lago Tanganyika, estaban el Reino de Luba y el Imperio Lunda. Más al sur, en lo que hoy es la costa angoleña, se alzaba el Reino de Ndongo. Tanto Ndongo como Congo adquirieron importancia en la época de la llegada de los portugueses, y este último se convirtió en el mayor estado africano por debajo del ecuador.

A pesar de que la región está salpicada de varios estados más grandes, así como de otros más pequeños, los portugueses fundaron varios puestos comerciales, siendo el más notable Luanda, creado en 1575. Y lo que es más importante, se involucraron en la política local casi desde su llegada a la región. Al principio, ayudaron al naciente Reino del Congo, asistiendo a su gobernante más famoso, Afonso I (Nzinga Mvemba), quien, durante los primeros años del siglo XVI, amplió enormemente sus territorios. Afonso también adoptó el cristianismo, tratando de imponerlo como religión oficial del Estado, al tiempo que cooperaba estrechamente con los portugueses y comerciaba con marfil, cobre y esclavos. Promulgó un monopolio real sobre el comercio de esclavos, aunque intentó limitar sus efectos sobre su pueblo prohibiendo la exportación de sus súbditos. Afonso llegó a apelar tanto a Lisboa como a Roma para que frenaran a los mercaderes portugueses que comenzaron a incursionar en el comercio ilegal de esclavos, desestabilizando y despoblando sus dominios. Por supuesto, sus ruegos fueron en vano, ya que el comercio de esclavos no hizo más que crecer.

Hacia mediados del siglo XVI, los portugueses redirigieron su apoyo al reino de Ndongo, que antes se encontraba en una posición subyugada respecto a Congo. Los portugueses les ayudaron a conseguir su independencia y, a cambio, les dieron permiso para formar Luanda. A principios del siglo XVII, los portugueses volvieron a cambiar su apoyo. Apoyaron a los mercenarios Imbangala en la formación del reino Kasanje en el interior, que luchaba contra Ndongo y Congo. Sin embargo, los portugueses no eran los únicos capaces de realizar este tipo de jugadas. Los tres reinos se aliaron con los holandeses en 1641 cuando intentaron apoderarse de las posesiones portuguesas en la región. Sin embargo, con la ayuda de Brasil, los portugueses recuperaron sus dominios en la década de

1660. Por el camino, volvieron a aliarse con Congo, al que ayudaron a defender su estado de los invasores del interior. A partir de entonces, los portugueses siguieron fuertemente atrincherados en la región, dominando el comercio con la zona al sur del río Congo. En el siglo XVIII, incluso comenzaron a expandirse hacia el interior inmediato. Este es el único ejemplo de tal penetración en el interior de toda la costa occidental africana antes del siglo XIX, ya que los demás países se limitaban a los puertos comerciales. Esta región también se convirtió en el mayor centro de afro-portugueses, que comenzaron a hacerse cargo del comercio de esclavos con los locales al sur de Luanda.

*Un mapa de la región del Congo en 1770.*
*Fuente: https://commons.wikimedia.org*

Por supuesto, otras naciones europeas intentaron penetrar en el África centro-occidental, pero con poco éxito. Sus actividades se limitaron principalmente al Reino de Loango. Sin embargo, los europeos se limitaron a las zonas costeras. Gracias a la navegabilidad del río Congo, los comerciantes africanos del interior podían elegir a quién vender sus esclavos capturados. Gracias a las constantes guerras, así como a las incursiones organizadas de esclavos, el África centro-occidental resultó ser un exportador constante y sustancial de esclavos desde principios del siglo XVI. En el punto álgido de la trata de esclavos, en el siglo XVIII, esta región vendió unos 2,36 millones de seres humanos. Debido a sus fuertes lazos con Brasil, continuó su comercio de gran volumen en el siglo siguiente, alcanzando casi otros 2 millones de personas. En total, África centro-occidental vendió unos 5 millones de personas, aunque algunas estimaciones llegan hasta los 5,5 millones, lo que la convierte en el mayor exportador de esclavos de la trata transatlántica, con al menos el 40% de su volumen total.

El extremo sur del continente africano no desempeñó un papel importante en el comercio de esclavos. A finales del siglo XVIII y principios del XIX, Madagascar y Mozambique, situados en la costa oriental de África, se unieron finalmente. Estaban bajo dominio portugués y, en siglos anteriores, formaban parte del comercio de oro, además de ser una parada importante para los comerciantes que iban de Asia a Europa. El comercio de esclavos no se desarrolló aquí hasta mediados del siglo XVIII, y se dirigía principalmente a los dominios europeos del océano Índico. Solo a principios del siglo XIX empezaron a llegar a América, principalmente a Brasil, cargamentos más constantes de personas esclavizadas procedentes de esta región. Esto se debió tanto al aumento de la demanda, que hizo que el tiempo de navegación hasta las Américas fuera lo suficientemente rentable, como a los trastornos políticos y económicos en el interior causados por las guerras y la sequía. Al final, esta región de África oriental suministró unos 550.000 esclavos a las Américas, de los cuales unos 440.000 solo en el siglo XIX. Representó menos del 5% del total del comercio transatlántico de esclavos.

Este capítulo, aunque muy condensado, expone cómo se desarrolló el comercio de esclavos en la costa africana, tanto en el tiempo como en términos geográficos. También señala el papel que desempeñaron los pueblos locales como proveedores de los comerciantes europeos, creando una red internacional y transcontinental de comercio de esclavos.

# Capítulo 6 – La Experiencia de las Personas Esclavizadas

La información contextual anterior era necesaria para describir el desarrollo de la trata de esclavos. Sin embargo, también es vital para pintar la tragedia humana de la trata transatlántica de esclavos. Es importante recordar que cada número de las horrendas estadísticas presentadas anteriormente era un ser humano, que sufrió un destino bastante cruel.

Es imposible contar una sola historia para todos los esclavizados, ya que había muchas diferencias. Algunos eran criminales, cautivos religiosos o siervos endeudados. Otro porcentaje menor eran personas entregadas como tributo entre estados. Sin embargo, la mayoría de los esclavizados fueron capturados durante guerras o incursiones de esclavos. En el primer caso, podrían haber sido prisioneros tomados tras una batalla, aunque es probable que un mayor número de ellos fueran esclavizados cuando un ejército conquistaba o incluso simplemente pasaba por una región. Las incursiones de esclavos eran similares, pero ocurrían a una escala mucho menor. En cualquier caso, es muy poco probable que la mayoría de los cautivos fueran combatientes, ya que muchos perecieron en las batallas. Sin embargo, la mayoría eran efectivamente hombres adultos que tenían la capacidad de participar en futuras guerras. Disminuir la capacidad de contraataque del enemigo era un efecto secundario muy deseado del comercio de esclavos entre los estados africanos.

Una vez capturados, los esclavos iniciaban la primera etapa de su viaje. La mayoría de ellos eran encarcelados o capturados en el interior, por lo que los comerciantes de esclavos locales, que a menudo formaban parte de la misma nobleza que dirigía las guerras, los transportaban hacia la costa. Esta parte de la experiencia variaba mucho. Algunos eran transportados en grandes canoas y barcos por los principales ríos, como el Congo o el Senegal. Otros eran transportados en caravanas terrestres, quizá a pie o en algún tipo de carro. Así, la duración de este viaje variaba en función de la geografía local, el lugar de captura y las prácticas comerciales existentes. En algunos casos, podía ser cuestión de días, mientras que en otros podían ser semanas o incluso meses. El tratamiento de los esclavos también variaba sustancialmente. Se cree que los enemigos de las guerras recibían un trato más duro, con más abusos físicos y menos comida. La alimentación también dependía de las normas sociales de la cultura, así como de factores económicos y climáticos. Además, no todos los mercaderes llevaban a sus esclavos durante todo el viaje hasta la costa. Los que procedían del interior del país probablemente vendían a sus esclavos a otros comerciantes de la red continental de comercio de esclavos, creando una cadena de mercaderes hasta la costa.

Una vez que una persona esclavizada llegaba a un puerto, tenía que esperar. Aunque pueda parecer que el comercio de esclavos nunca se detuvo, las salidas de los barcos negreros no eran tan comunes. Además, dependiendo de las burocracias y costumbres locales, los esclavos posiblemente tenían que esperar antes de que los comerciantes europeos cerraran su trato, pagaran su tributo y obtuvieran la autorización para embarcar a los esclavos en sus barcos. También es posible que, en algunos casos, los europeos tuvieran que esperar a que sus socios africanos reunieran suficientes personas esclavizadas para llenar sus barcos, ya que era importante maximizar sus ganancias. Una vez más, el trato que se daba a los esclavos mientras esperaban dependía de numerosas condiciones locales, entre las que destaca la estabilidad política y climática. Si no había guerras importantes, agitaciones políticas o sequías, el periodo de espera era mucho más tolerable. En todo caso, los cautivos estarían suficientemente bien alimentados, ya que esto equivalía a más beneficios. En cambio, si había escasez de alimentos, eran los últimos en ser alimentados. Además, la ubicación geográfica también jugaba un papel importante, ya que ciertas regiones eran más propensas a diversas enfermedades como la malaria o la fiebre amarilla.

*Dos ilustraciones que representan las caravanas de la trata de esclavos en África. Fuente: https://commons.wikimedia.org*

Independientemente de estas circunstancias, es cierto que los esclavos sufrían mientras esperaban. Cualquier trato favorable era más una excepción que la regla, y muchos de los cautivos no tenían ni idea de cuál iba a ser su destino. El alcance de este tormento físico y psicológico no puede sino ser imaginado. En general, los académicos modernos estiman que, por término medio, una persona esclavizada esperaba entre seis y doce meses antes de ser cargada en un barco. Durante este tiempo, que incluye el transporte a la costa, muchos de los esclavos perecieron, ya sea por hambre, por enfermedad o por los malos tratos y la crueldad de sus captores. Las cifras son difíciles de evaluar, especialmente cuando se trata de su transporte a la costa, ya que casi no hay registros escritos de ello. Sin embargo, dado que las personas esclavizadas fueron llevadas por rutas comerciales ya establecidas, con sistemas de esclavitud más o menos desarrollados, es poco probable que el número de muertes fuera extraordinariamente alto. Además, no todos los cautivos se destinaban al comercio atlántico, ya que algunos se vendían por el camino a los lugareños.

En cuanto a las muertes en la costa, se pueden hacer algunas estimaciones evaluando los registros europeos. De más de cincuenta viajes holandeses realizados a finales del siglo XVII y principios del XVIII, aproximadamente el 5% de los esclavos comprados murieron antes de salir del continente. No obstante, es probable que esta cifra sea diferente si se tiene en cuenta la cantidad de variables que influyen en la tasa de mortalidad de los esclavos. Pero era solo el comienzo de su sufrimiento, ya que luego eran embarcados en buques, emprendiendo otro largo viaje. Aquí es importante abordar uno de los aspectos más comentados de la trata transatlántica de esclavos: el amontonamiento en los barcos. La imagen de los esclavos africanos amontonados como sardinas es algo que ha sido ampliamente aceptado como iconografía de lo que se ha conocido como el Pasaje del Medio. Esas condiciones fueron presentadas como el aspecto más cruel de la trata de esclavos y culpadas como la causa de la alta tasa de mortalidad de los esclavos transportados.

Sin embargo, estudios recientes han demostrado que se trataba en gran medida de exageraciones realizadas por los abolicionistas cuando luchaban por acabar con la trata de esclavos. Los académicos modernos han examinado varios tamaños de barcos de diferentes naciones y durante gran parte de la duración de la trata transatlántica de esclavos. Creen que, por término medio, se asignaban entre cuarenta y cinco y sesenta y cinco centímetros cuadrados por persona esclavizada. Esta cifra aumentó a entre sesenta y cinco y setenta y cinco centímetros cuadrados a finales del siglo XVIII y principios del XIX. Son espacios abismalmente pequeños para que los ocupe una sola persona. Una simple comparación sería con una prisión moderna, que normalmente exige unos cuarenta pies cuadrados por recluso. No cabe duda de que las personas esclavizadas estaban abarrotadas hasta el límite. Pero, aunque estas condiciones eran inhumanas, los académicos han rechazado la idea de que el hacinamiento fuera la causa principal de la alta tasa de mortalidad en el Pasaje del Medio.

Esto puede verse en el hecho de que los primeros viajes de los esclavos marcaban una tasa de mortalidad media del 20% o más. Con el tiempo, este porcentaje se redujo a alrededor del 10 por ciento o menos. Un ejemplo de este descenso puede hacerse examinando el comercio de esclavos británico. Una comisión parlamentaria informó de las pérdidas de alrededor del 23 por ciento en la década de 1680. Esta cifra se redujo a alrededor del 9 por ciento entre 1761 y 1791, y el porcentaje bajó a alrededor del 4 por ciento en la última década del comercio de esclavos. Cabe señalar, sin embargo, que para entonces los británicos estaban por debajo de la media internacional. Ahora bien, un aumento marginal del espacio asignado por cautivo no habría explicado un descenso tan drástico de la tasa de mortalidad.

Al comparar las tasas de mortalidad, los investigadores modernos descubrieron que la zona desde la que zarpaba el barco era un factor sustancial. Los viajes procedentes de las regiones septentrionales, hasta el río Gambia, así como de las regiones más meridionales del

Congo y Angola, tenían una tasa de mortalidad notablemente menor que los que procedían de zonas más cercanas al ecuador. Por ejemplo, incluyendo los viajes de principios del siglo XVII, los barcos procedentes de África occidental y central tenían una tasa de mortalidad media de alrededor del 9,5%, mientras que los procedentes de la bahía de Biafra tenían alrededor del 17,4%. Esto se explica por el hecho de que, en las regiones selváticas y tropicales de la Costa de Oro y las dos bahías, la gente era más susceptible a enfermedades mortales como la malaria o la fiebre amarilla. Así, los esclavos llevaban consigo estas enfermedades a bordo, lo que, en las apretadas cubiertas, provocaba altas tasas de mortalidad. En este aspecto, el hacinamiento provocaba indirectamente más muertes.

También influyeron otros factores locales. Los disturbios socioeconómicos esporádicos, que a menudo coincidían con una mayor exportación de seres humanos, creaban las circunstancias para que hubiera menos comida y un trato más duro para los esclavos mientras estuvieran en el continente africano. Esto, a su vez, debilitaría su salud en general, haciendo menos probable que sobrevivieran al viaje transatlántico. Además, algunos investigadores señalan que, en esos momentos de crisis, los mercaderes africanos vendían más mujeres y niños, que tenían menos posibilidades de soportar esas horribles condiciones. Sin embargo, los cautivos varones aptos seguían siendo los más deseados por los plantadores de América y eran los más traficados.

Otro factor importante era la duración del viaje. Cuanto más corto fuera el viaje, menos gente moriría. En realidad, este puede ser uno de los factores más importantes que condujeron a una menor tasa de mortalidad, ya que, a lo largo de los siglos, el tiempo de viaje entre continentes se acortó de unos tres meses a unas seis semanas. En situaciones extremas, el viaje podía ser tan corto como un solo mes, pero también podía llegar hasta casi medio año. La duración del viaje variaba en función de las tecnologías de navegación, la capacidad de la tripulación y la suerte de los vientos, así como de los puntos de partida y de llegada. Por ejemplo, navegar de Angola a Brasil era mucho más corto que hacerlo más al norte, hacia el Caribe o el continente norteamericano. En las travesías más cortas, había menos tiempo para que las enfermedades o la salud debilitada por las terribles condiciones de vida tuvieran resultados fatales. Por el contrario, cualquier prolongación no planificada del tiempo de viaje provocaría una escasez de alimentos, causando hambre y más muertes.

Aquí cabe destacar que los marineros europeos sufrían problemas similares. Las enfermedades solían propagarse también entre la tripulación, y la escasez de alimentos afectaba a todos a bordo. Así, las tasas de mortalidad entre los marineros también subieron hasta un promedio del 20 por ciento al inicio, disminuyendo en los últimos siglos del comercio transatlántico de esclavos. Esto ofrece una prueba adicional de que el hacinamiento era solo un factor que contribuía a la alta tasa de mortalidad, ya que las tripulaciones también se veían afectadas, aunque tenían condiciones de vida ligeramente mejores a bordo.

En cualquier caso, el trato que recibían las personas esclavizadas era más que cruel. En primer lugar, los llevaban a pequeñas fincas antes de salir a mar abierto sin saber a dónde iban. Estaban rodeados de extraños que a menudo hablaban un idioma diferente. Las bodegas bajo cubierta solían ser malolientes, con aire viciado y poca luz. Los hombres solían estar encadenados para evitar amotinamientos, ya que la tripulación era muy inferior en número a los esclavos. A veces se dejaba a las mujeres y a los niños sin atar, ya que se les consideraba una amenaza menor. Todo ello provocó graves traumas entre los esclavos, que fueron constatados por los contemporáneos. La melancolía, la depresión y otros trastornos psicológicos eran comunes. Esto, a su vez, conducía a la pérdida de apetito, deshidratación, servilismo y, en algunos casos, al suicidio, ya que algunos de los cautivos veían sus circunstancias como un castigo peor que la muerte.

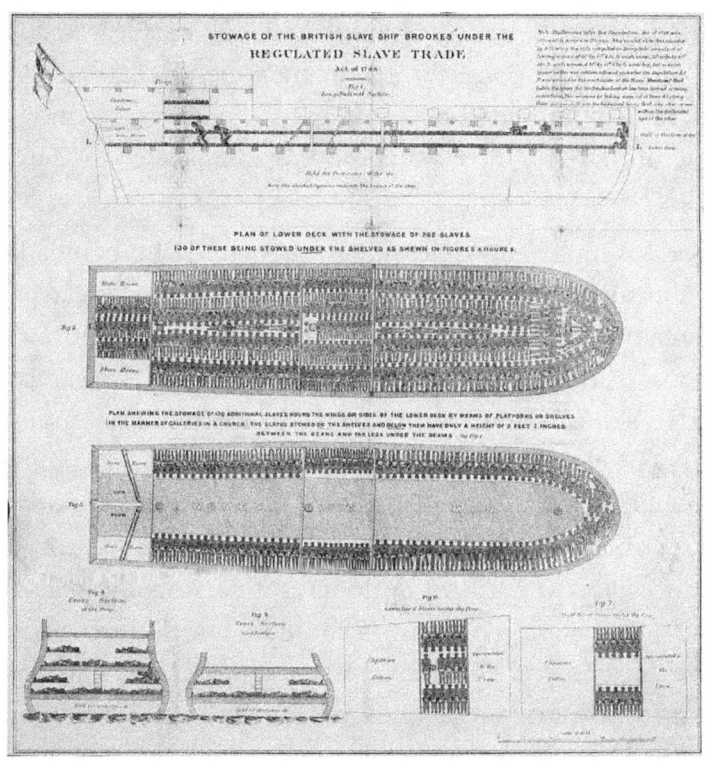

*Diagrama mostrando un barco británico de esclavos de finales del siglo XVIII tras la imposición de las nuevas normas.*
*Fuente: https://commons.wikimedia.org*

Como ya se ha dicho, las personas esclavizadas sufrían diversas enfermedades. Además de las enfermedades tropicales, como la malaria, la disentería, también conocida como "flujo" en la época, también era bastante común. La falta de higiene contribuía a su proliferación, y la ausencia de una medicina adecuada hacía que fuera mortal. Si era posible, se aislaba a los enfermos de flujo, pero no siempre era así. El escorbuto, causado por la falta de vitamina C, asolaba tanto a la tripulación como a la gente esclavizada. Sin embargo, a mediados del siglo XVIII se reconoció este hecho y los barcos empezaron a tratarlo con dosis de limones o naranjas, disminuyendo su mortalidad. En los casos de viruela, a veces se practicaban inoculaciones primitivas, aunque lo más frecuente era que la tripulación tratara de separar a los enfermos de los sanos. En cuanto a la malaria, a mediados del siglo XVII, masticar la corteza del árbol de la quina se convirtió en un tratamiento algo aceptado. Sin embargo, la disponibilidad de todas estas medicinas y conocimientos variaba de un barco a otro, así como la voluntad de la tripulación de cuidar a los esclavizados.

Aunque los traficantes de esclavos carecían de humanidad, su afán de lucro era fuerte. A medida que los precios de los esclavos subían, los comerciantes se dieron cuenta de que valía la pena esforzarse más por salvar sus vidas. Así, desde finales del siglo XVII hasta principios del XVIII, los cambios comenzaron a afectar a la industria del comercio de esclavos. Los barcos empezaron a emplear a médicos de diversas calidades y capacidades, al tiempo que armaban a los marineros con manuales de medicina si los cirujanos se consideraban demasiado costosos. Esto no debe interpretarse como algo más que una atención sanitaria básica, pues simplemente se hizo evidente que una mejor higiene y el aire fresco les generarían aún más beneficios. Si el tiempo lo permitía, algunos de los esclavos eran subidos a la cubierta, y en algunos casos incluso se les obligaba a hacer ejercicio mediante la danza u otras actividades. Esto ayudaba a su condición física y, en menor medida, psicológica. Además, en los últimos periodos en los que los barcos se construían pensando en el comercio de esclavos, el espacio bajo la cubierta era racionalizado y se equipaba con aberturas de ventilación para permitir un flujo constante de aire fresco.

Los gobiernos solo desempeñaron un papel menor en la mejora del trato a los esclavizados en el Pasaje del Medio. Los portugueses promulgaron una ley sobre el número de esclavos permitidos según el tamaño del barco, y ordenaron que se llevaran a bordo suficientes provisiones para un viaje de duración media. Estas restricciones eran mínimas. Ninguna otra nación aprobó leyes similares hasta 1788, cuando Gran Bretaña también reguló el número de personas esclavizadas por tonelada de transporte, así como la obligatoriedad de un médico a bordo. Sin embargo, estas leyes no establecían ninguna disposición sobre el maltrato de los esclavizados. Esto se dejaba a la voluntad de la tripulación, que a menudo era más tortuosa que no. Los marineros europeos recurrían a duros castigos físicos para imponer el control sobre los cautivos sanos, que les superaban en número. Las palizas y los latigazos eran las formas más comunes de castigo, aunque también se utilizaban otras más crueles si se producía un intento de rebelión. En esos casos, los capitanes solían optar no solo por matar a los rebeldes, sino también por infundir miedo a los demás para evitar que se repitiera. Para ello se utilizaban diversas formas de tortura, que acababan provocando muertes dolorosas. La frecuencia de las insurrecciones es objeto de debate. Un estudio moderno estima que se producían en menos del 2% de los viajes, mientras que otro eleva esa cifra al 10%. Sin embargo, rara vez tenían éxito. En cualquier caso, la mayoría de los capitanes trataban de evitar tanto los castigos demasiado crueles como las rebeliones antes de que comenzaran, ya que reducían los ingresos.

En condiciones normales, los esclavos eran alimentados dos veces al día, generalmente con frijoles o arroz. Otros alimentos comunes eran el maíz y el ñame, junto con otras verduras diversas. También se añadían ocasionalmente cítricos, sobre todo en las últimas décadas, para evitar el escorbuto. Estos alimentos tenían poco sabor y los esclavos tenían aún menos dignidad a la hora de comer. Diez o más esclavos se colocaban alrededor de una tina que contenía comida, raspándola con cucharas de madera. En cuanto a las bebidas, no podían esperar más que agua. Cuando los esclavos se negaban a comer o a beber, la tripulación intentaba forzarlos, pues sabían que era crucial para obtener mayores ganancias. Sin embargo, cuando había escasez, esa "humanidad" cesaba. Uno de los ejemplos más infames ocurrió en 1781 en un barco británico llamado *Zong*, que se quedó sin agua dulce, lo que llevó a su capitán a arrojar por la borda a más de cien africanos atados, con la esperanza de que el seguro cubriera sus supuestas muertes naturales.

No parece haber muchas razones para que los traficantes de esclavos intentaran despojar a sus cautivos de su identidad y cultura. Es más que probable que fuera un subproducto para tratar de mantener a los esclavos en orden, especialmente si procedían de una región que los europeos consideraban más rebelde. En la mayoría de los casos, parece que los africanos cautivos mantuvieron su cultura de base, su lengua y su identidad. Es más probable que el daño se produjera a nivel más personal, ya que los traumas a los que sobrevivieron a menudo les marcarían de por vida. Sin embargo, el sufrimiento compartido en las entrañas del barco creó un nuevo tipo de identidad para los esclavos; a pesar de las barreras lingüísticas entre los distintos grupos, compartían destinos crueles similares. Esta camaradería solía durar años después del viaje.

Finalmente, tras semanas o meses de viaje, los barcos llegaban a América. Por supuesto, su sufrimiento no había terminado. Los barcos esperaban primero en los puertos, y luego las personas esclavizadas eran mantenidas en confinamiento, a la espera de ser vendidas a sus nuevos amos. Más de ellos perecían mientras esperaban. Algunos de los cautivos eran empleados en el lugar al que habían llegado o, al menos, en las cercanías. En algunos casos, les esperaba un nuevo viaje, ya que eran reembarcados a otras partes de América, sobre todo si estaban destinados a ir a la península española, o al interior de Brasil. Estos viajes suponían un peligro adicional para los esclavizados. Finalmente, de una forma u otra, los esclavos llegaban a su destino final, donde pasaban el resto de sus días trabajando.

Las personas esclavizadas se dedicaban a una gran variedad de trabajos. Solo una minoría marginal iba a los centros urbanos para actuar como sirvientes personales de algún tipo. La mayoría fueron enviados a las plantaciones, trabajando en la producción de azúcar, tabaco, algodón y café. Un número considerable también fue a trabajar a las minas. Incluso cuando se distingue un campo específico, como, por ejemplo, la producción de azúcar, la dureza de la vida de un esclavo y su trabajo son difíciles de generalizar. Dependía de la región, de la época, del tipo de habilidad que se poseyera, de las normas coloniales de esclavitud locales e incluso de la personalidad del amo. En algunos casos, estas condiciones eran más soportables, mientras que, en otros, eran más que inhumanas, empujando los esclavos literalmente hasta la muerte.

*Ilustración de esclavos del siglo XIX en Brasil.*
*Fuente: https://commons.wikimedia.org*

En general, las personas esclavizadas eran tratadas como propiedad, no como seres humanos. Esto es especialmente evidente en los diversos códigos de la esclavitud aprobados a lo largo de esta época. Por lo general, no se les permitía casarse legalmente, tener ningún tipo de posesiones ni ejercer ningún control sobre sus vidas. Los esclavos tenían que hacer lo que se les decía, ya que cualquier acto de desobediencia, o peor aún, de rebelión, era severamente castigado con golpes o latigazos. Los intentos de huir o rebelarse se castigaban con la muerte en la mayoría de los casos. Todo esto se hacía para inculcar el servilismo entre la población esclava, ya que normalmente superaban en número a sus amos blancos, al igual que en los barcos. El trato cruel no terminaba ahí. Como con cualquier propiedad, algunos amos blancos pensaban que podían hacer con sus esclavos lo que quisieran, recurriendo a diversas formas de tortura y violando también a las mujeres esclavizadas. Esto se evidencia en la emergente clase mestiza, así como en ciertas leyes que prohibían a los hijos de un amo blanco y un esclavo negro heredar las propiedades y los títulos de su padre, lo cual era la tradición en todas las naciones europeas.

También existía una forma de supresión cultural, ya que los plantadores a menudo intentaban inculcar su propia cultura, tradición y creencias, sustituyendo las costumbres y creencias que los esclavizados habían traído de África. Esto podía comenzar ya en las costas africanas, donde algunos de ellos eran inicialmente bautizados. Sin embargo, esto se hacía a menudo como absolución moral, ya sea ante la iglesia o por las propias creencias, ya que representaba "civilizar" a los africanos. A menudo existía una ley que exigía que los esclavos se bautizaran antes de entrar en servicio en las colonias, por lo que, en algunos casos, esto se hacía también en América. Pero como la mayoría de los esclavos eran obligados a ello, no tenían ningún interés real ni ninguna comprensión de la tradición cristiana. Por ello, sus amos a menudo intentaban sustituir por la fuerza su identidad africana por las tradiciones europeas. Para conseguirlo, utilizaban diversos castigos físicos y psicológicos, especialmente si el dueño era un ferviente.

*Representación de la flagelación, un castigo común de los esclavizados en toda América. Fuente: https://commons.wikimedia.org*

A cambio de su trabajo, los esclavos no recibían casi nada. En algunos casos, las leyes exigían que se les alimentara y se les diera ropa básica o incluso alojamiento. Además, al cubrir las necesidades básicas de los esclavos, estos podían centrarse más en su trabajo y reducir sus vínculos comunitarios, lo que les hacía depender de sus amos. Sin embargo, en algunos casos, los amos dejaban que los esclavizados se valieran por sí mismos, desde el cultivo de sus propios alimentos hasta la construcción de un refugio. Esto hacía su vida aún más difícil, pero los hacía más autosuficientes y permitía la formación de familias, su propia comunidad localizada y su cultura. Es importante señalar que otro problema a la hora de crear familias era el desequilibrio entre los géneros. Según estimaciones modernas, las mujeres, por término medio, solo constituían un tercio de los esclavos importados, y en algunas regiones la proporción era aún peor. Esto significaba que, independientemente de otras circunstancias, un número considerable de hombres esclavizados simplemente no podía encontrar pareja.

Esto llevó a otro problema, al menos desde una perspectiva demográfica. A la población esclava le costaba reproducirse, a pesar de que es probable que muchos no quisieran criar a sus hijos en el infierno que soportaban. Esto explica, en parte, que la población esclava no creciera rápidamente, aunque pudiera parecerlo con los millones de africanos que se trajeron a América. Otro hecho aterrador que contribuyó a ello fue la alta tasa de mortalidad entre los esclavos. Según un estudio moderno, en algunos momentos, la tasa promedio de supervivencia en los primeros dos o tres años era de solo 50%. No obstante, parece que el índice de aproximadamente una de cada tres muertes en el periodo de la llamada "aclimatación" era un promedio más general, que bajó a "solo" 25% a finales del siglo XVIII. Las razones de muerte más comunes eran las enfermedades y el trabajo duro. Para dar una idea más amplia de esta tragedia, unos 2,3 millones de personas esclavizadas llegaron a las islas británicas del Caribe desde el siglo XVII hasta principios del XIX. Sin embargo, en vísperas de la abolición, solo había unos 775.000 esclavos en estas colonias. Hay que señalar que esta tasa de supervivencia de aproximadamente el 33% no tiene en cuenta las muertes en el Pasaje del Medio, así como el hecho de que un número menor de los esclavos vivos eran hijos de generaciones anteriores.

En general, los traumas y el sufrimiento personal que padeció cada uno de los seres humanos esclavizados son difíciles de generalizar y abarcar en un capítulo breve. Además, el uso de porcentajes y de números elevados contribuye a su deshumanización, pero es necesario comprender lo que vivieron, especialmente la magnitud de todo ello. No hay que olvidar que durante la trata transatlántica de esclavos se mostraron algunas de las peores caras de la humanidad y, lo que es más importante, que personas inocentes sufrieron por ello.

# Capítulo 7 – La Muerte Lenta y los Efectos de la Trata de Esclavos

El crecimiento y la expansión del comercio transatlántico de esclavos fue un proceso largo y lento, guiado más por las leyes de la economía que por un diseño intencionado. Por el contrario, su fin fue orquestado por personas centradas en ese objetivo, con la intención de hacerlo rápidamente. Desgraciadamente, para muchos africanos, ese final no llegó lo suficientemente rápido.

Durante el siglo XVIII, el comercio de esclavos atravesaba su época "dorada" en términos de volumen y beneficios. Pasó de estar al margen del comercio mundial a ser una de sus ramas más vitales. Con ello, se produjeron importantes cambios en la forma de llevarlo a cabo. Desde finales del siglo XVII, pero de forma aún más destacada en el siglo XVIII, los mercaderes de esclavos comenzaron a fabricar buques especiales para la trata de esclavos. Se construyeron para maximizar las ganancias proporcionando a las personas esclavizadas más posibilidades de supervivencia. Esto incluía la ya mencionada mejora de la ventilación, pero también el revestimiento de cobre y la disminución del tamaño del barco, lo que hacía que los viajes fueran más rápidos. Esto también condujo a una disminución de la triangulación del comercio transatlántico de esclavos, una característica que a menudo se destaca. Esto significaba que un solo barco transportaba mercancías desde un puerto europeo a África a cambio de personas esclavizadas. Luego viajaba a América e intercambiaba los esclavos a cambio de especias y otros productos valiosos y, finalmente, volvía a Europa.

Sin embargo, a medida que transcurría el siglo XVIII, los barcos esclavistas más pequeños no solían llevarse gran parte de los valiosos productos americanos. A veces, los esclavistas ni siquiera se molestaban en llevarse nada, especialmente cuando los precios, por ejemplo, del azúcar, bajaban, ya que sus ganancias no serían tan elevadas. En su lugar, elegían las divisas o los metales preciosos. Con este aumento del volumen y de la prominencia general también llegó el aumento de la notoriedad. La trata transatlántica de esclavos empezó a generar una seria oposición, que poco a poco fue creciendo en tamaño y voluntad de luchar contra lo que consideraban un acto despreciable e impropio de seres humanos.

Estos nuevos sentimientos podrían remontarse a los ideales del Siglo de las Luces, un movimiento intelectual que comenzó a remodelar el pensamiento europeo en el siglo XVII. Muchos de los famosos pensadores de esa época, como John Locke o Jean-Jacques Rousseau, creían en los derechos naturales de los seres humanos, que no estaban vinculados a ninguna ley o costumbre. Uno de estos derechos principales era, por supuesto, la libertad. Estas ideas inspiraron las revoluciones americana y francesa, pero también hicieron que mucha gente considerara la esclavitud como algo inhumano. Así, muchos intelectuales prominentes empezaron a expresar su oposición a la esclavitud y a la trata de esclavos. A menudo creían que detener la trata de esclavos llevaría finalmente a la abolición total de la esclavitud. Era una suposición válida, aunque tardó algo más de lo que esperaban. Estas ideas seculares se filtraron también a la religión, sobre todo entre los cuáqueros y los evangélicos protestantes.

Anteriormente, el Antiguo Testamento se utilizaba para justificar la esclavitud, ya que se refería a ella sin ningún sentimiento negativo. Sin embargo, con los ideales de los derechos humanos naturales y un enfoque general de la moral humanista que pasó a primer plano, algunos grupos religiosos comenzaron a interpretar la Biblia de manera diferente, centrándose en la idea de "buena voluntad hacia todos los hombres". Esta interpretación de los textos sagrados hacía que la esclavitud fuera algo completamente contrario a los ideales cristianos. De hecho, mientras los pensadores de la Ilustración seguían enfrascados en debates filosóficos sobre la cuestión de la esclavitud, los cuáqueros trabajaban activamente por la abolición de la esclavitud y el comercio de esclavos. Escribían peticiones y expresaban sus preocupaciones en los últimos años del siglo XVII, y a mediados del siglo XVII comenzaron a imponer normas que prohibían los vínculos de los cuáqueros con cualquier actividad esclava. A finales del siglo XVIII, empezaron a formar sociedades antiesclavistas tanto en Estados Unidos como en Inglaterra, pidiendo a sus gobiernos que prohibieran el comercio de esclavos. Estos grupos se convirtieron en la principal fuerza impulsora del fin legal de la trata de esclavos en Gran Bretaña y Estados Unidos en 1807.

*Insignia abolicionista británica que aboga por la humanidad de las personas esclavizadas. Fuente: https://commons.wikimedia.org*

Las ideas del siglo de las luces también se extendieron a la economía. Coincidiendo con ello, surgió el capitalismo moderno. Uno de los principales ideales de este sistema económico era el trabajo remunerado. La esclavitud iba en contra de estos sentimientos, por lo que se formó una seria oposición a la esclavitud en la creciente clase media. Sin embargo, esto solo estaba parcialmente motivado por creencias morales o filosóficas. Los propietarios de pequeñas empresas y los industriales, que ascendían en la jerarquía económica, no empleaban mano de obra esclava por muchas otras razones. La principal era que sus empresas necesitaban una mano de obra cualificada y que se encontraban en sociedades que ya no se basaban en el trabajo forzado. Por ello, consideraban que la esclavitud era injusta para la competencia económica. Prohibirla también mejoraría sus ganancias, y también esperaban que acabar con la trata de esclavos convirtiera a África en un mercado más estable para exportar productos acabados e importar materias primas como petróleo o metales. La animosidad hacia la esclavitud también podía encontrarse en las competiciones políticas entre la antigua clase alta, cuya riqueza se basaba, al menos parcialmente, en la servidumbre forzada, y la nueva clase alta industrial. Esta última esperaba imponerse cortando una fuente de beneficios de la primera.

Aparte de eso, muchos académicos han afirmado que a finales del siglo XVIII el comercio de esclavos y las plantaciones de azúcar generaban menos beneficios que antes, lo que supuso otra razón para prohibirlo a principios del siglo XIX. Sin embargo, algunos investigadores modernos rechazan estas ideas. Sus estudios demuestran que las Indias Occidentales británicas seguían generando importantes beneficios cuando se abolió el comercio de esclavos, mientras que los estados del sur de Estados Unidos seguían financiándose principalmente con sus exportaciones de algodón. Incluso después de la abolición de la trata de esclavos, e incluso de la esclavitud en general, el azúcar británico seguía siendo competitivo en el mercado mundial. Sin embargo, es importante señalar que los avances tecnológicos de la Revolución Industrial crearon una menor necesidad de mano de obra, ya que al menos algunos procesos tanto en la industria azucarera como en la algodonera fueron mecanizados y alimentados por vapor u otros tipos de energía. Por ejemplo, el primer molino azucarero a vapor se instaló en Jamaica en 1768. Sin embargo, en aquella época, estas novedades tecnológicas no estaban lo suficientemente avanzadas como para sustituir la mayor parte del trabajo humano, por lo que el uso de esclavos podía seguir siendo rentable y útil.

Otro factor importante en el impulso al abolicionismo fue la actividad de los esclavos liberados. Muchos de los africanos que lograron alcanzar la libertad utilizaron sus experiencias para abogar por la prohibición de la esclavitud, exponiendo lo cruel que era a través de sus propias historias personales. Ejemplos de ello serían las obras de Olaudah Equiano y Ottobah Cugoano en Gran Bretaña, así como Jeanne Odo y Jean-Baptiste Belley en Francia. Ellos dieron voz a los cientos de miles de esclavos sin voz en las Américas. Sus actividades proporcionaron argumentos para la propaganda abolicionista, pero parece que el éxito de la revuelta en Santo Domingo desempeñó un papel más importante. Demostró que, si se les empujaba al borde del abismo, el pueblo esclavizado podía defenderse eficazmente. Esto hizo que algunos políticos, al menos los que no tenían ningún vínculo directo con la esclavitud o la trata de esclavos, optaran por la prohibición como forma de proteger a las colonias de rebeliones graves y mantener el dominio europeo sobre ellas. Así, las personas esclavizadas, de una u otra manera, contribuyeron al fin de la esclavitud.

Al final, es difícil determinar cuál de estos factores fue la razón principal de la abolición de la trata de esclavos y, a su vez, de la esclavitud en general. Está claro que fue una amalgama de ideales humanistas ascendentes que difundían la compasión por el prójimo mezclados con motivaciones económicas y políticas. Sin embargo, es importante señalar que la abolición solo fructificó después de que la idea resultara rentable, no solo de forma estrictamente económica, para una fracción de personas poderosas, cuyas razones distaban mucho de ser altruistas.

Sea como fuere, cuando el comercio transatlántico de esclavos estaba alcanzando su punto álgido a finales del siglo XVIII, los movimientos abolicionistas empezaron a lograr un éxito inicial. Aquí es significativo mencionar que su lucha contra el comercio de esclavos estaba dirigida en última instancia a la esclavitud en general, aunque esta parte de la cadena de la esclavitud era el eslabón más débil. Los mercaderes tenían menos poder político y eran menos influyentes, mientras que el Pasaje del Medio resultó ser un objetivo propagandístico más fácil, con las personas esclavizadas encerradas en el oscuro e inmundo espacio bajo la cubierta. En cambio, los propietarios de las plantaciones solían tener vínculos políticos más fuertes y generalmente formaban parte de las familias aristocráticas más antiguas, y el trabajo en los campos era mucho más difícil de presentar al público en general como algo escandaloso o inhumano. Como resultado, algunas colonias estadounidenses y posteriormente los estados independientes comenzaron a aprobar leyes que limitaban el comercio de esclavos y, en algunos casos, incluso la esclavitud. Las asociaciones antiesclavistas también consiguieron presionar al Parlamento británico para que aprobara leyes que regularan el comercio de esclavos. Para entonces, era evidente que Inglaterra estaba avanzando hacia la prohibición del comercio de esclavos en general, ya que la idea estaba ganando popularidad entre el público general.

Anticipándose a este cambio, los daneses se convirtieron en la primera nación europea en aprobar una ley que prohibía el comercio de esclavos en 1792, aunque no entraría en vigor hasta 1803. Al ser una nación menor en el comercio de esclavos, su salida de la etapa esclavista no tuvo tanta influencia. Luego vino la abolición de la esclavitud en Francia durante la revolución en 1795, aunque duró poco, ya que Napoleón la restableció en 1802. En 1807, Gran Bretaña prohibió finalmente el comercio de esclavos, tanto en suelo británico como en la mayoría de sus socios extranjeros. Estados Unidos siguió su ejemplo, prohibiendo la importación de esclavos a principios de 1807, aunque la ley no entró en vigor hasta 1808. Este fue el punto de inflexión en el comercio transatlántico de esclavos. No solo dos importantes naciones dedicadas al comercio de esclavos optaban por abandonar esta atrocidad económica, sino que los ingleses se empeñaban en imponer estas ideas a todos los demás países.

No obstante, el comercio de esclavos estaba lejos de terminar. La mayoría de las demás naciones seguían interesadas en continuar el comercio de seres humanos, sobre todo España, ya que Cuba estaba empezando a desarrollar la producción de azúcar. Incluso Estados Unidos seguía activo en el comercio de esclavos, suministrando a los españoles a pesar de haber prohibido la importación de personas esclavizadas. Los británicos trataron de utilizar su superioridad marítima para hacer valer su nueva posición contraria a la trata de esclavos. En 1808, la marina real británica formó la Escuadra de África Occidental, a la que se le encomendó la tarea de aplicar un bloqueo a la trata de esclavos, registrar cualquier barco sospechoso y confiscarlo si se encontraba alguna actividad esclava. Además, los británicos presionaron a otras naciones que comerciaban con esclavos, como Portugal, Suecia y Holanda, para que firmaran tratados que restringieran el comercio de seres humanos a principios de la década de 1810. En 1815, tras la derrota final de la Francia de Napoleón, Gran Bretaña impuso la condena general del comercio de esclavos en el Congreso de Viena, consiguiendo al menos el apoyo vocal en la materia de todas las principales naciones europeas y de Estados Unidos. Al mismo tiempo, Francia también abolió la trata de esclavos.

Aunque parece que la trata de esclavos estaba prácticamente acabada para entonces, ponerle fin resultó ser una tarea mucho más ardua. Algunas de las naciones apenas aplicaron la abolición, mientras que los comerciantes ilícitos de todas las naciones comenzaron a satisfacer la demanda de los mercados americanos. Los británicos reaccionaron firmando varios tratados bilaterales con algunas de las naciones, como Portugal y España, en los que se confirmaba el fin del comercio de esclavos y se obtenía el derecho legal de registrar los barcos con su bandera. Por supuesto, esto causó muchas fricciones entre las naciones, ya que muchos lo veían como un intento de Gran Bretaña de proteger su producción libre de esclavos en el Caribe contra el trabajo forzado supuestamente superior de otras naciones. Sin embargo, la idea de la abolición comenzó a interiorizarse también en esas sociedades. Los portugueses continentales, por ejemplo, llevaban un tiempo retirándose del comercio de esclavos, y en su lugar el negocio pasó a manos de los brasileños, que obtuvieron su independencia en 1822. Por esa misma época, otras colonias sudamericanas estaban luchando por su libertad, uniéndose poco a poco a la lucha contra la trata de esclavos y la esclavitud en general.

*Ilustración de la liberación de esclavos en la región de Sierra Leona.*
*Fuente: https://commons.wikimedia.org*

Con el paso de las décadas, todas las naciones aceptaron la prohibición de la trata de esclavos, siendo Brasil uno de los últimos grandes participantes en hacerlo oficialmente en 1831. Sin embargo, el comercio ilegal siguió floreciendo. A nivel local, algunas de las armadas nacionales interceptaban a los comerciantes ilícitos, liberando a los esclavos capturados en las costas africanas, aunque no necesariamente a la región de la que eran originarios. La región de Sierra Leona fue uno de los lugares más notables donde esto ocurrió. El comercio ilegal también hizo que las tasas de mortalidad volvieran a aumentar, junto con el cruel manejo de las personas esclavizadas. Los comerciantes se vieron obligados a esconderse, actuando más como piratas que como comerciantes. Entre 1808 y 1860, la armada británica incautó unos 1.600 barcos, liberando a unas 150.000 personas. Sin embargo, esto era solo una fracción, ya que entre 1810 y 1866 se embarcaron aproximadamente tres millones de personas esclavizadas. A principios de la década de 1870, el comercio de esclavos estaba prácticamente muerto, ya que todas las principales naciones que comerciaban con esclavos no solo prohibieron el comercio de personas, sino que empezaron a luchar activamente contra él. El último cambio importante fue la guerra civil estadounidense, que supuso el fin de la participación de Estados Unidos en la esclavitud.

Para entonces, los historiadores modernos estiman que unos 12,5 millones de africanos esclavizados habían sido enviados a América. Sin embargo, solo llegaron unos 10,7 millones. Aquí es importante señalar que las cifras varían, desde 9,5 millones hasta 17 millones. Las discrepancias en esas estimaciones provienen de la cuestión de contar los embarques o desembarques, sumar o desestimar las aproximaciones de las personas que mueren en África en su camino hacia los puertos negreros, sumar o desestimar las estimaciones de los tráficos ilícitos, y otras variables. Pese a ello, el rango entre 10 y 12 millones es una media en la que coinciden la mayoría de los académicos. Independientemente de la cifra que se acepte como más cercana a la verdad, es innegable que se trata de un gran número de personas que sufrieron algunos de los destinos más viles imaginables. Las personas fueron arrancadas de sus países de origen, transportadas a través de medio mundo en condiciones despreciables, y muchas sucumbieron a diversas enfermedades y torturas antes de ser forzadas a trabajar hasta la muerte por sus nuevos amos.

Hubo otros efectos secundarios impactantes que van más allá del trauma personal de cada ser humano que sufrió la trata transatlántica de esclavos. Los dos primeros efectos que probablemente nos vengan a la mente son las influencias económicas y demográficas, aunque estas son muy debatidas entre los académicos debido a la naturaleza bastante compleja del comercio de esclavos a través del Atlántico. Algunos afirman que el excedente combinado de los beneficios de la trata de esclavos y de la producción de azúcar por parte de la mano de obra esclava permitió una afluencia de capital que al menos ayudó a la industrialización de Europa, sobre todo de Inglaterra, que fue la primera nación industrial del mundo. Este rápido crecimiento económico y el desarrollo de nuevas tecnologías, que permitieron tales avances, coincidieron con la participación de Gran Bretaña en la trata de esclavos, aunque hay pocos vínculos directos. Además, según algunas estimaciones, las industrias azucarera y esclavista generaban solo entre el 1 y el 5 por ciento del total de la economía británica. En cualquier caso, aunque el comercio de esclavos probablemente no fue decisivo para iniciar la Revolución Industrial, es posible que proporcionara tempranamente algunos excedentes para invertir en el desarrollo de nuevas tecnologías.

Se han esgrimido argumentos similares en relación con la economía africana. Una de las partes argumenta que la trata de esclavos la vulneró. Al principio del comercio de esclavos entre los dos continentes, tanto Europa como África exportaban o importaban tanto materias primas como productos acabados. Sin embargo, a medida que el comercio de esclavos fue aumentando su volumen, los europeos comenzaron a tomar en su mayoría a los esclavizados y a exportar los bienes producidos, con lo que, en efecto, se ahogaron las capacidades industriales locales. Es importante señalar que los europeos exportaban armas y otros productos militares, que afectaban a los estados africanos en sus conflictos internos. Sin embargo, dado que el comercio era en gran medida voluntario también por parte de los africanos, es fácil suponer que las élites locales al menos veían beneficios en el trato con los europeos. Además, a través de este comercio se importaban algunos de los cultivos alimentarios más importantes, aunque esto cobraría mayor importancia en períodos posteriores, cuando los africanos tuvieron que mantener a una población mucho mayor.

Esto nos lleva a la cuestión del impacto demográfico en África Occidental. Lo que es innegable es que el África subsahariana, en el mejor de los casos, estancó su población mientras duró la trata transatlántica de esclavos, manteniéndose en torno a los 100 millones o algo menos. Sin embargo, durante el mismo periodo, su proporción en la población mundial global descendió de alrededor del 18% en el siglo XVI a solo un 6% en 1900. No obstante, los académicos no se ponen de acuerdo sobre las causas. Algunos han argumentado que estaba directamente relacionado con la trata de esclavos en el

Atlántico, pero esto parece poco probable, ya que, durante el mismo periodo, pero de forma más destacada en el siglo XIX, alrededor de cincuenta millones de europeos emigraron voluntariamente a las Américas, y sin embargo la población europea creció. La causa más plausible fue el desequilibrio entre géneros. En muchas zonas de África Occidental, las mujeres empezaron a superar en número a los hombres, que fueron exportados principalmente a América, lo que dificultó mucho el crecimiento de la población. Además, el trastorno económico de las industrias tradicionales también provocó alteraciones en el crecimiento de la población, ya que al haber menos producción material se podía mantener a menos personas. Algunos investigadores también han estipulado que, debido a la diferente naturaleza de su economía, en comparación con la de Europa, la pérdida de población causada por el comercio de esclavos africanos fue suficiente para causar una desaparición demográfica y económica. Una posible prueba de ello es que su población creció rápidamente cuando terminó la trata de esclavos, incluso antes de que llegaran a la región avances médicos o tecnológicos significativos.

Una consecuencia menos discutible de la trata de esclavos en el Atlántico fue la formación de una nueva población y cultura afroamericana única en América. Las poblaciones de esclavos, fuertemente concentradas, crearon sus propias tradiciones y costumbres, una amalgama de sus raíces africanas, la dura vida de los esclavos y las influencias europeas impuestas por sus amos. Esto resultó ser importante en el desarrollo de las jóvenes naciones americanas en el siglo XIX, especialmente cuando los antiguos pasaron a ser mayoría. Uno de los mejores ejemplos de ello sería la música blues, que hoy es un fenómeno mundial. Así, fue creada por los esclavos en los campos de algodón del sur de Estados Unidos. Otras influencias se encuentran en la cocina, la vestimenta, el idioma y otros aspectos. Con ello llegó también el legado del racismo, que sigue a los afroamericanos hasta hoy.

La trata transatlántica de esclavos no nació del racismo. Sin embargo, tras siglos de subyugación, trabajos forzados y diversas justificaciones, explicaciones o racionalizaciones, es innegable que el racismo se desarrolló como consecuencia de la trata de esclavos. Su alcance no se limitó solo a las Américas, ya que se filtró también a Europa. Comenzó como un racismo cultural, que veía a los africanos como bárbaros menores y humanos incivilizados. Así, en el siglo XIX, algunas personas creían que los africanos eran genéticamente inferiores y menos humanos. Esto explica en parte que algunos amos europeos no tuvieran problemas en ser tan crueles con las personas esclavizadas. Por desgracia, este legado negativo de la trata de esclavos en el Atlántico resultó bastante difícil de suprimir, ya que el racismo sigue siendo uno de los problemas del mundo moderno.

Más allá de esto, hubo muchos otros efectos e impactos de la trata transatlántica de esclavos, aunque fueron menos importantes desde un punto de vista general. Sin embargo, todos ellos parecen palidecer en comparación con el sufrimiento y la muerte impuestos a los pueblos africanos esclavizados, que fueron víctimas de la codicia y los prejuicios. Por esta razón, ya era tiempo de que se pusiera fin a la trata de esclavos en el Atlántico.

# Epílogo

El fin de la trata de esclavos provocó varios cambios cruciales, sobre todo la abolición de la esclavitud. Tal y como preveían muchas de las sociedades que se oponían a la trata transatlántica de esclavos, el fin del comercio de seres humanos permitió el fin gradual de la esclavitud institucionalizada. Siguiendo el precedente establecido por Haití, otras antiguas colonias de América Latina también prohibieron la esclavitud después de obtener su libertad. En 1833, Inglaterra también la había prohibido, lo que llevó a otras naciones a seguirla. Por ejemplo, Francia la abolió en 1848, Estados Unidos en 1865 y Portugal en 1869. Muchos otros países hicieron lo mismo en la misma época, y Brasil fue la última gran nación atlántica traficando y poseyendo esclavos que prohibió la esclavitud en 1888.

*Pintura que representa la celebración de los esclavizados tras la abolición en las colonias francesas, 1848. Fuente: https://commons.wikimedia.org*

Para entonces, la abolición se había desvinculado de la trata transatlántica de esclavos, ya que se expandió para abarcar todo el mundo. Se convirtió en un tema en el que casi todas las naciones encontraron un terreno común. Por ello, se celebraron numerosas conferencias y reuniones internacionales en las que las naciones trataron de poner fin a la despreciable institución de la esclavitud. Uno de los primeros ejemplos fue la Conferencia de Bruselas de 1890, en la que varias naciones importantes se reunieron en un intento de formular un acta que ayudara a combatir la trata de esclavos en el Reino del Congo, el Imperio otomano, la costa de África Oriental y el océano Índico. Ideales humanistas similares siguieron impregnando la sociedad a medida que la abolición continuaba extendiéndose por todo el mundo en el siglo XX. Esto resultó ser una de las piedras angulares de la Liga de Naciones, que se formó después de la Primera Guerra Mundial y fue la precursora de las Naciones Unidas. La ONU, cuyo objetivo es mantener la paz, la seguridad y las relaciones amistosas entre las naciones, declaró la esclavitud como opuesta a los derechos humanos básicos en 1948.

Desde entonces, casi todos los países del mundo han abolido la esclavitud y, con ella, la trata de esclavos. No hay casi nadie que siga defendiéndola públicamente, ya que en general es condenada como vil e inhumana. A pesar de ello, la esclavitud está muy viva. Según diversos investigadores y organizaciones, hoy en día hay entre doce y treinta millones de esclavos en todo el mundo. Prácticamente ninguno de ellos es un esclavo doméstico como los de la trata transatlántica de esclavos. La mayoría son trabajadores en régimen de servidumbre o endeudados, así como trabajadores coaccionados. Además, un número considerable de ellos son víctimas de la trata de seres humanos, incluso del tráfico sexual. Por ello, la lucha mundial contra la esclavitud sigue siendo una causa que merece nuestra atención y apoyo.

# Conclusión

La trata transatlántica de esclavos representa una parte oscura y vergonzosa de la historia de la humanidad, una que infunde asco y rabia entre muchos hasta el día de hoy. Y lo que es peor, a diferencia de muchos otros acontecimientos históricos, no tiene un culpable o instigador singular. No es algo de lo que se pueda culpar a alguien. Es parte de nuestra herencia histórica compartida como humanidad, y es algo que no debería ser eludido. Esto puede resultar aún más exasperante para algunos, ya que no hay formas fáciles de explicar por qué se produjo o por qué duró tanto. Aun así, la trata de esclavos en el Atlántico fue uno de los momentos fundamentales de la historia mundial, ya que su influencia se extendió por continentes, siglos y civilizaciones. Cambió nuestra economía, nuestra cultura, nuestra moral y mucho más. Determinó el desarrollo de nuestra historia común, para bien o para mal. Y al mismo tiempo, fue innegablemente atroz.

Por eso es importante estudiarla, hablar de ella y mantenerla muy presente. Es algo que, a pesar de la vergüenza o el asco que provoca, tiene que permanecer en nuestra conciencia como una advertencia de qué tan bajo puede llegar a caer el ser humano en las condiciones "adecuadas". Es algo que asoma desde las sombras incluso hoy en día, ya que la esclavitud sigue siendo un problema internacional aún sin resolver. Además, estos actos tan horribles dejaron cicatrices entre nosotros, desde la ira hasta el racismo, problemas que no pueden resolverse sin comunicación y debate. El primer paso en esa dirección es estar informado sobre la trata de esclavos y todos sus aspectos. Esta guía ofrece una introducción al respecto. Esperamos que le haya dado una idea básica de la historia de la trata transatlántica de esclavos. Con todo, esto no es más que la superficie del tema. Hay mucho más que aprender sobre ella, aunque es un asunto delicado. También debería proporcionar un temprano impulso para llegar a un acuerdo con los males de nuestro pasado, permitiendo que la historia cure nuestras profundas heridas sociales.

# Vea más libros escritos por Captivating History

# Bibliografía

Anne C. Bailey, *African voices of the Atlantic Slave Trade: Beyond the Silence and the Shame,* Boston, Beacon Press, 2005.

David Eltis and David Richardson, *Extending the Frontiers: Essays on the New Transatlantic Slave Trade Database*, New Haven, Yale University Press, 2008.

David Eltis and David Richardson, *Routes to Slavery: Direction, Ethnicity and Mortality in the Transatlantic Slave Trade*, London, Frank Cass, 1997.

David Eltis and Stanley L. Engerman, *The Cambridge World History of Slavery: Volume 3 AD 1420 - AD 1804*, Cambridge, Cambridge University Press, 2011.

David Eltis, *Economic Growth and the Ending of the Transatlantic Slave Trade*, Oxford, Oxford University Press, 1987.

David Eltis, *Europeans and the Rise of African Slavery in the Americas*, Cambridge, Cambridge University Press, 2000.

David Northrup, *The Atlantic Slave Trade*, Lexington, D. C. Heath and Company, 1994.

Herbert S. Klein, *The Atlantic Slave Trade: Second Edition*, Cambridge, Cambridge University Press, 2005.

Holger Weiss, *Ports of Globalization, Places of Creolization: Nordic Possessions in the Atlantic World during the Era of the Slave Trade*, Boston, Brill, 2016.

J. Cañizares-Esguerra, M. D. Childs, and J. Sidbury, *The Black Urban Atlantic in the Age of the Slave Trade*, Philadelphia, University of Pennsylvania Press, 2013.

James A. Rawley and Stephen D. Behrendt, *The Transatlantic Slave Trade: A History*, Lincoln, University of Nebraska Press, 2005.

Jeremy Black, *The Atlantic Slave Trade in World History*, New York, Routledge, 2015.

John Thornton, *Africa and Africans in the Making of the Atlantic World - 1400-1680*, Cambridge, Cambridge University Press, 1992.

Leonardo Marques, *The United States and the Transatlantic Slave Trade to the Americas: 1776-1867*, New Haven, Yale University Press, 2016.

Philip D. Curtin, *The Atlantic Slave Trade - A Census*, Madison, University of Wisconsin Press, 1969.

Philip Misevich and Kristin Mann, *The Rise and Demise of Slavery and the Slave Trade in the Atlantic World*, Rochester, University of Rochester Press, 2016.

Rebecca Shumway, *The Fante and the Transatlantic Slave Trade*, Rochester, University of Rochester Press, 2011.

Robin Law, *The Slave Coast of West Africa 1550-1750*, Oxford, Oxford University Press, 1991.

Seymour Drescher, *From Slavery to Freedom: Comparative Studies in the Rise and Fall of Atlantic Slavery*, London, Macmillan Press LTD, 1999.

Srividhya Swaminathan, *Debating the Slave Trade: Rhetoric of British National Identity - 1759-1815*, Surrey, Ashgate Publishing, 2009.

Theodore M. Sylvester, *Slavery throughout the History - Almanac*, Detroit, UXL, 1999.

www.ingramcontent.com/pod-product-compliance
Lightning Source LLC
LaVergne TN
LVHW011838060526
838200LV00054B/4091